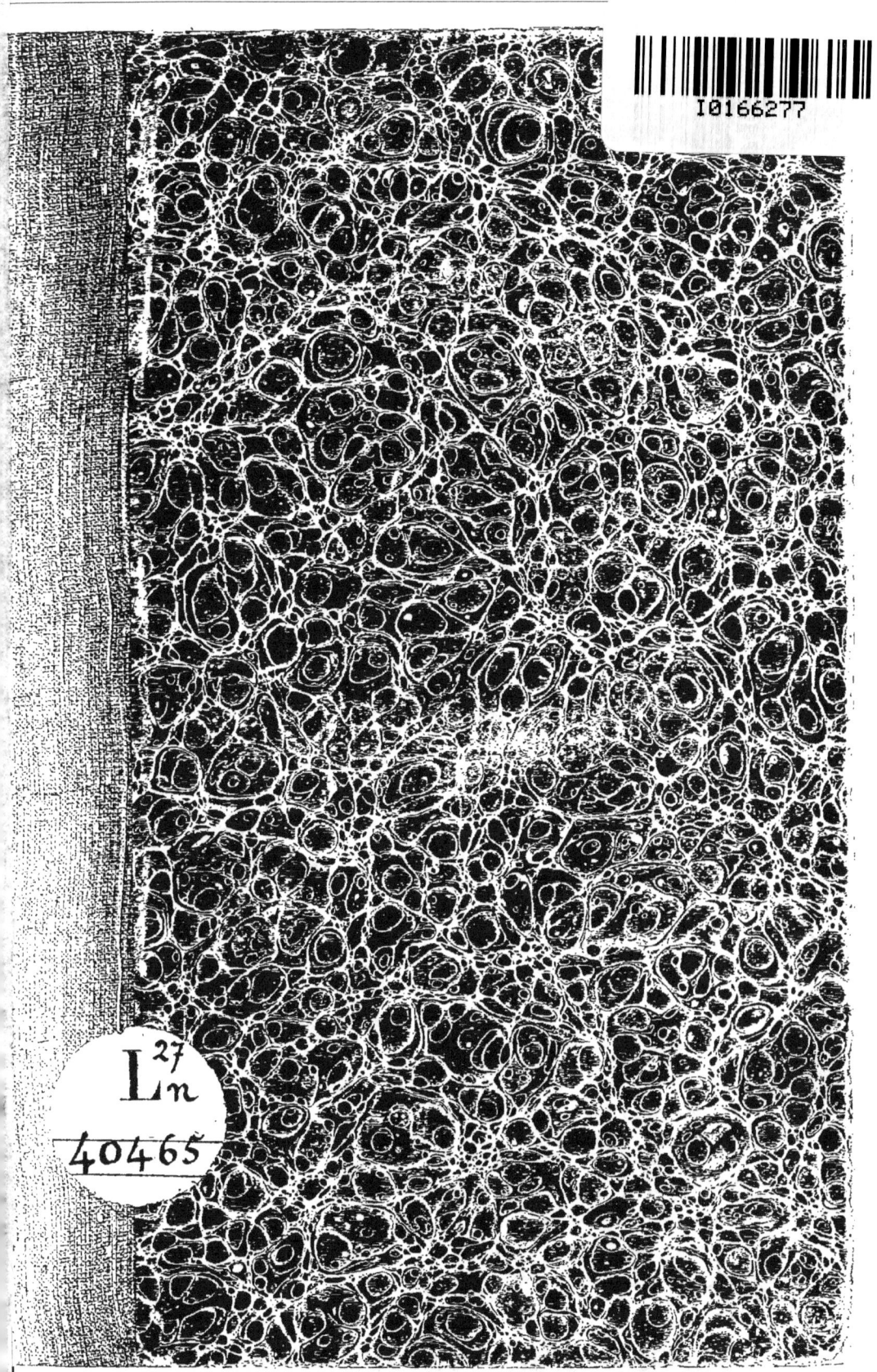

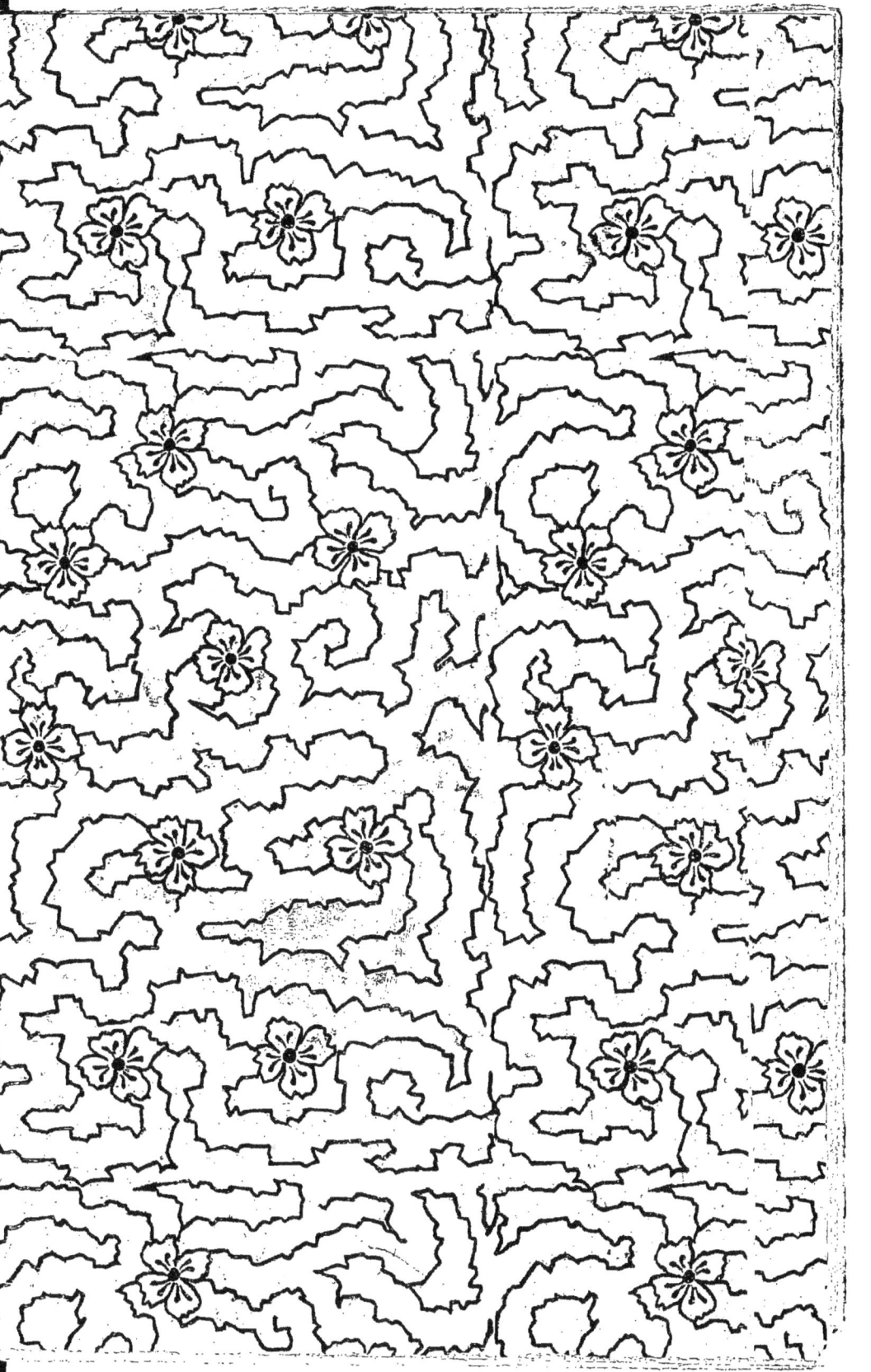

JOSEPH
DE LARMINAT

ÉMILE COLIN — IMPRIMERIE DE LAGNY

JOSEPH
DE LARMINAT

LIEUTENANT DE VAISSEAU

MORT A KELUNG (FORMOSE) LE 19 FÉVRIER 1885

PAR

LE PÈRE LE GÉNISSEL

De la Compagnie de Jésus

PARIS

RETAUX-BRAY, LIBRAIRE-ÉDITEUR

82, RUE BONAPARTE, 82

—

1888

PRÉFACE

Lorsque, en face des rivages de Formose, après deux mois de croisière dans les mers de Chine, le lieutenant de vaisseau Joseph de Larminat fut tout à coup frappé par la mort, l'explosion de regrets de l'escadre fut unanime.

Ses aptitudes mises déjà en relief par des travaux remarquables et par des fonctions importantes avaient fait pressentir un officier d'élite, et ouvraient devant lui les perspectives d'un brillant avenir. Il avait de plus tout ce qui charme dans la vie du bord : la verve intarissable de l'esprit, la bonne grâce et la loyauté du caractère, l'ardeur passionnée du métier, des talents d'artiste et surtout de dessinateur de premier ordre. Par delà ces qualités, J. de Larminat avait reçu de Dieu des dons plus précieux encore, moins connus

peut-être, quoiqu'il n'en fît pas mystère, de ceux qui
ne lui furent pas unis par les liens du sang, ou par les
relations d'une amitié toute fraternelle. Nous voulons
parler, on le devine, de ces richesses morales du chrétien, déposées en lui dès l'enfance, accrues au travers
des travaux et des campagnes de sa vie maritime, épu-
rées enfin par les épreuves qui hâtèrent sa mort.

S'il eût fallu simplement ressaisir dans leur naturel
et peindre au vif les traits de cette physionomie si
finement originale et distinguée, il eût pu suffire,
même à des années de distance, nous semble-t-il, de
l'attachement de nos souvenirs personnels.

Mais, à l'heure présente, où tant de sympathies et
d'espérances patriotiques reposent avec raison sur
notre marine militaire dont le rôle glorieux dans la
dernière guerre de Chine n'a pas été oublié, c'est surtout le tableau fidèle de la vie à la mer, des études, des
incidents divers et des impressions de quatorze ans de
campagnes, qu'on nous a demandé de faire revivre
dans ces SOUVENIRS D'UN LIEUTENANT DE VAISSEAU.

J. de Larminat en sera donc l'auteur tout à la fois et
le héros, une délicatesse confiante et généreuse ayant
mis entre nos mains sa correspondance entière et ses
journaux de bord que nous ne ferons que citer.

Par là sera sauvé, malgré notre incompétence, ce

caractère de vérité et de couleur locale que, dans les souvenirs de campagnes, on ne peut attendre que de celui qui dépeint ce qu'il a vu. Par là aussi, l'homme d'esprit et l'homme de cœur se montrera lui-même à découvert et l'on retrouvera mieux, jusque sous la gaieté du marin français, la trempe d'âme égergique et la piété du chrétien.

Dijon, 19 mars 1888.

JOSEPH DE LARMINAT

I

LE BORDA

Louis-Marie-Joseph de Larminat naquit à Beaurieux (Aisne), le 2 février 1852, d'une famille où les traditions de la foi et de l'honneur chrétiens sont héréditaires. C'est de telles familles que Fléchier a pu dire que « la vertu s'y communique avec le sang, s'y entretient et s'y excite par les bons conseils et par les grands exemples (1) ».

---

(1) Fléchier : *Oraison funèbre du Président Guillaume de Lamoignon.*

1.

Le quatrième de douze enfants qui devaient atteindre les années de l'adolescence et l'aîné de six frères qui se suivirent de près, Joseph n'eut d'abord d'autre maître que M. de Larminat lui-même, qui avait fait de l'éducation successive de ses fils son soin principal. Près de onze années s'écoulèrent de la sorte, dans l'atmosphère sanctifiante du foyer paternel, dans la belle et tranquille campagne de Beaurieux, assise au sommet des collines d'où la vue s'étend sur la plaine magnifique que sillonne au loin le cours de l'Aisne. Pour savoir quel souvenir enchanté avait laissé dans l'âme de Joseph, comme dans l'âme de ceux qui y vécurent avec lui, cette première école de son esprit et de son cœur, il faut l'avoir entendu, par la suite, à telles dates fixes où revenait la fête de Monsieur ou de Madame de Larminat, épancher ses regrets d'absent, et décrire les scènes auxquelles le salon de Beaurieux devait alors servir de théâtre. Avec quel charme d'émotion communicative, se trans-

portant en esprit au milieu de son peuple de
frères et de sœurs, il les montrait s'avançant
en ce jour, qui avec son rôle, qui avec sa fable
ou son compliment, les plus jeunes n'ayant encore que leurs caresses à offrir, et leurs pro-
messes d'ardeur studieuse pour l'avenir!

A l'automne de 1862, il arrivait à Metz, et entrait comme pensionnaire au collège Saint-Clément. Les relations anciennes qui rattachaient
sa famille à la Lorraine, la proximité de proches
parents de son père devaient adoucir pour lui
l'éloignement des siens pendant les six années
de son séjour à Metz.

Dès l'enfance, un attrait vague, tenu d'abord
presque secret, par crainte de le voir traité de
caprice aventureux, avait incliné J. de Larminat vers la carrière maritime. D'année en année,
cet attrait prit une consistance plus sérieuse.
En 1866, au commencement de la seconde, il se
changea en projet solidement arrêté. — Après
s'être éclairé encore dans de fréquents entre-

tiens avec l'un de ses maîtres, ancien enseigne de vaisseau, Joseph voulut, au mois de mai 1867, faire, sous les auspices de la Très Sainte Vierge, une retraite décisive; et, dans la méditation et la prière, la marine militaire fut jugée sa véritable vocation. La permission de s'y préparer sans retard fut donc sollicitée.

D'accord avec les Pères, M. de Larminat décida que, sans abandonner encore Saint-Clément, où il achèverait de mûrir son choix et servirait de mentor à deux de ses frères qui devaient l'y rejoindre, Joseph n'entrerait pas en rhétorique et suivrait les cours de mathématiques élémentaires dont le programme coïncidait en partie avec celui de l'école navale. — Au mois d'octobre 1868, il entrait à l'École préparatoire de la rue des Postes, dans le cours des *marins;* et, dès l'année suivante, à la promotion de septembre 1869, il était reçu au Borda, cinquième sur soixante.

Ceux qui connurent J. de Larminat à Metz,

à Paris et à Brest, s'accordaient à admirer dès lors et à goûter en lui les qualités que l'avenir devait mettre en lumière : la distinction parfaite et pleine d'aisance dans les manières, quelque chose tout à la fois de délicat et de fier, de sympathique et de réservé, la prestesse gracieuse de l'esprit, et l'originalité d'une conversation qui rencontrait à tout propos les idées pittoresques et le tour heureux pour les rendre. C'était un charme grandement apprécié, lorsque, en petit comité et devant un cercle d'amis, — car, devant le grand nombre, la réserve timide prenait le dessus sur l'abandon — J. de Larminat mis en belle humeur par les circonstances, ou par les ripostes d'un adversaire digne de lui, se laissait aller à ce que les anciens ont appelé les *Jeux de l'orateur*. Quels assauts d'esprit alors, quel feu roulant d'anecdotes aiguisées, de saillies imprévues, lancées, reprises, relancées, expliquées avec bonheur, toujours au triomphe de la gaîté aimable et de l'à propos !

L'écrivain, dès le collège et le Borda, ne le cédait pas au causeur. Dans ses travaux rédigés, comme dans ses lettres écrites à bride abattue, brillaient déjà cette grâce courante et légère, cette précision lucide, ce tour original et ingénieux, qui restèrent la caractéristique de son talent; tout cela relevé et agrémenté par l'art plaisant, mais redoutable des caricatures. Son œil malin avait-il saisi un ridicule, vite, il le soulignait d'un bon mot, et, le plus souvent, de quelques coups de crayon plus expressifs encore. Parfois, il est vrai, le coup pouvait sembler trop acéré à ceux qui en ressentaient l'atteinte, mais telles étaient la franchise et la loyauté de l'artiste que sa popularité n'y perdait rien.

Quoique, même avant le Borda, le succès ne lui eût jamais fait défaut et qu'il eût toujours brillé aux premiers rangs dans les lettres comme dans les sciences, l'absence d'études véritablement ardues avait trop favorisé en lui

l'excessive facilité du travail. A Brest seulement, lorsqu'il fut aux prises avec les hautes
mathématiques, il connut l'effort qui développe
le talent, et souvent le révèle à lui-même. Son
esprit acquit alors pour les sciences exactes une
portée remarquable, mise bientôt à profit dans
les travaux techniques dont nous aurons à
parler.

Mais tout en comprenant que la marine militaire est une arme savante qui doit donner avant
tout à ses officiers une formation scientifique
complète, J. de Larminat s'attendait à trouver
au Borda la part faite plus large aux exercices
pratiques de la manœuvre et aux évolutions sur
mer. Dans ses lettres, on sent percer le dépit de
se voir confiné, une grande partie du jour, « devant un tableau noir, dans les salles basses du
ponton qui servent de salles d'études et de
classes », d'avoir à se débattre sans cesse avec
des *colles* de calcul, de mécanique, de machines,
d'anglais et de littérature.

Dans cet amour passionné de la manœuvre, n'y a-t-il pas un ressouvenir, ou peut-être un écho inconscient de ce qu'écrivait naguère un demeurant illustre de notre vieille marine militaire uni à J. de Larminat par les liens du sang, avant d'être rapproché de lui par la fraternité des armes ? « Ce qu'aiment avant tout dans notre profession ceux qui sont nés pour s'y complaire, c'est le navire qu'ils montent ; ce qui remplit leur cœur d'émotions inconnues au reste des hommes, c'est cette sorte de satisfaction orgueilleuse et intime qu'éprouve parfois le chasseur, plus souvent le cavalier, que le marin seul a goûtée dans sa plénitude ; ce sont les joies de la manœuvre... On naît manœuvrier comme on naît poète. C'est affaire d'instinct. » (1).

A défaut des tempêtes, des abordages et des manœuvres hardies de la grande navigation, les deux ans du Borda ne devaient pas s'écouler

(1) *La Marine d'autrefois,* par le vice-amiral Jurien de la Gravière, p. 3.

pour J. de Larminat et pour ses camarades de promotion sans amener des événements qui eurent leur contre-coup sur le vaisseau-école. Une diversion insolite s'en suivit dans les préoccupations des élèves, et jusque dans les horizons où s'enfermait leur vue ; mais à quel prix ! « On ne saurait imaginer ce qu'était le Borda en 1870. D'ordinaire, si heureux que l'on soit d'y être parvenu, on le considère comme une prison ; mais, au sortir du collège, le changement de vie, le mouvement, le grand air, tout cela fait passer par-dessus bien des ennuis et l'on s'y trouve heureux. Le mouvement de la rade de Brest, ce panorama magnifique où se déroulent journellement de petits épisodes de la vie maritime, sans grand intérêt, mais pleins d'attrait pour des novices, la vue de l'Océan là-bas tout au bout du Goulet, tout cela enchante. Mais en 1870, aucune de ces distractions. On avait, par prudence, fait rentrer le Borda de la rade dans l'avant-port, et nous n'avions pour tout horizon

qu'un peu de vase et le triste granit des maga-
sins de l'arsenal. De temps à autre, le va-et-vient
de quelques cuirassés ou transports passant
chargés de troupes nous rappelait à la pensée
des terribles événements qui s'accomplissaient
dans le pays. Presque tous nous avions un père,
un frère sous les drapeaux; aussi les nouvelles
que chacun de nous recevait d'un corps d'armée,
d'une place assiégée ou des prisons allemandes,
étaient-elles commentées par tous. De là, dans
ces deux promotions qui étaient rapprochées
alors au Borda une sorte de cohésion, d'inti-
mité, plus grandes encore qu'à l'ordinaire...
Lorsque les capitulations successives de Sedan
et de Metz eurent livré la France aux seules
ressources des armées improvisées, quand mues
par un sincère patriotisme toutes les bonnes vo-
lontés s'offrirent pour la défense du pays, nous
crûmes que, malgré notre âge, nous pourrions
être utiles peut-être, et nous demandâmes à
partir. A distance, cela pourrait faire sourire;

mais que l'on se reporte à cette époque et l'on comprendra notre démarche. Nous venions d'apprendre que les *admissibles* à Saint-Cyr étaient enrôlés comme sous-lieutenants ; or, parmi eux se trouvaient nombre de nos camarades refusés à l'École navale au moment où J. de Larminat y entrait ! Avaient-ils plus de titres que des élèves du Borda ayant déjà reçu une année d'éducation militaire ? Toutes les fois que nous allions à terre, à l'exercice, nous pouvions voir, portant les galons de capitaine d'un régiment de ligne, un de nos camarades de collège d'il y avait un mois ! Il nous fut répondu que nous étions graine trop précieuse pour la moisson future d'officiers » (1).

La pétition adressée à l'amiral Fourichon, alors ministre de la marine à Tours, n'arriva sans doute pas à destination. Il y était dit que

(1) Lettre d'un lieutenant de vaisseau, 9 août 1887. — L'auteur de ce tableau saisissant du Borda pendant la guerre faisait partie de la promotion de 1870.

la voix de l'honneur appelait les vétérans du Borda sur les champs de bataille où se jouait le salut de la France ! — Malgré ces adjurations solennelles, non seulement le refus de la faveur sollicitée fut intimé dès le premier jour, mais un ordre formel du commandant arrêta le pétitionnement pour faire tomber l'effervescence qui en était la suite, et tout rentra dans l'ordre.

Au temps de la guerre de Crimée, on avait pu accepter, en assez grand nombre, des aspirants volontaires, parce que la marine ayant un rôle important à remplir, leur concours pouvait être utile, et leur instruction en était avancée. Dans la guerre de 1870, où la marine, isolée de l'armée de terre, était impuissante à rien tenter par elle-même dans les eaux basses de la Baltique et de la mer du Nord, comme le prouva l'avortement successif des tentatives des amiraux Bouet-Willaumez, Penhoat et de Gueydon, on ne pouvait que verser dans les cadres de l'armée de terre les aspirants volontaires. C'était, sans profit pour leur formation maritime, et, au préjudice de l'avenir, jeter dans des fatigues bien au-dessus de leurs forces des élèves de dix-sept ans.

Force fut donc à J. de Larminat de suivre à distance les péripéties de la lutte. « Malgré tout mon désir d'échanger quelques coups de fusil avec les Prussiens, écrivait-il après l'échec de la pétition, je dois avouer que nous ne savons pas encore assez de canon ni de fusil, pour occuper avec avantage un rang quelconque dans l'armée. Notre place sur les remparts de Brest nous est d'ailleurs déjà assignée, en cas d'alerte ; mais personne ne suppose que les ennemis s'aventurent jusqu'ici (1)... Presque tous les jours, en attendant, nous voyons arriver en rade d'énormes bâtiments prussiens dont plusieurs ont pour un million de marchandises. Ce sont de fort belles prises ; il est

(1) Lettre du 15 Octobre.

fâcheux que nos succès se réduisent là » !

La piété que recommandaient à Joseph, toutes les lettres de sa famille était moins oubliée que jamais lorsqu'il fallait lui demander non seulement le contrepoids nécessaire à tous les dangers qui assaillaient l'âme au Borda, mais la force contre les tristesses du présent et les éventualités redoutables de l'avenir : « Nous n'avons pas eu cette année de messe de minuit, disait une lettre du 25 décembre 1870, je ne sais pourquoi. Heureusement, il y eut une messe à 7 heures pour ceux qui voulaient communier, et nous avons été en grand nombre, bien plus que d'habitude. J'ai beaucoup prié pour vous tous et pour notre pauvre France, et j'espère que vous me l'aurez rendu. On a plus besoin de prières que jamais par le temps qui court, lorsqu'il faut, comme disent les matelots, être *paré* à appareiller pour l'autre monde ».

II

CAMPAGNE DE L'ATLANTIQUE-SUD,

A BORD DU JEAN-BART

OCTOBRE 1871 A AOUT 1872

A l'automne de 1871, après trois mois de va-cances, J. de Larminat passait sur le *Jean-Bart*, frégate-école des aspirants, pour y faire l'apprentissage de la grande navigation.

« Le premier cheval et le premier fusil lais-sent à chacun des souvenirs charmants. Tout cela n'est rien, à côté du premier voyage d'un aspirant et de la première belle traversée ! »

Voilà le cri de l'âme, avant même que l'ancre soit levée. L'itinéraire précis du *Jean Bart*, les lieux de relâche ne sont pas encore connus : peu importe. Tous ces *échappés du Borda* vont sérieusement affronter les campagnes sur mer et promener par le monde le pavillon de la France ; c'en est assez pour expliquer leur enthousiame. Et d'ailleurs, bien que l'aspirant ne soit pas encore officier, qui ne comprend que, dans l'éblouissement de son riche et gracieux costume, en se voyant, l'épée au côté, la casquette à galon d'or sur la tête, les aiguillettes sur la poitrine, un jeune homme de dix-neuf ans s'éprenne de son grade et s'imagine de bonne foi toucher à la gloire ? Cette exaltation généreuse, commune aux nouveaux aspirants de toutes les époques, semblait emprunter alors aux circontances une force de plus. Après les longues impatiences qu'il avait fallu dévorer sur le pont ou dans les salles d'étude du Borda, pendant la durée de la guerre, aux yeux des aspirants en partance au mois d'octobre 1874, le voyage du *Jean-Bart* apparaissait comme une campagne d'hiver, qui serait pour le drapeau une revanche des tristesses récentes.

Le but du voyage était plus modeste en réalité, quoique l'honneur du pays y fût intéressé. Sous les ordres du commandant Duburquoy, le *Jean-Bart* devait sillonner l'Atlantique et visiter, après nos possessions du Sénégal, les villes principales de l'Amérique du Sud, où des intérêts commerciaux de premier ordre sont aux mains de la population française. — Durant dix mois consécutifs, les aspirants allaient se durcir au mal de mer, surveiller par eux-mêmes et prendre sur le fait les habitudes de l'Océan, mettre en pratique tout ce qu'ils avaient appris jusqu'alors surtout en théorie. Les manœuvres de toutes sortes se succédèrent : « tentative de débarquement à Dakar ; tir à terre et par bordée ; grand tir à bord sur un but lointain formé de deux ballons en osier recouverts de toile peinte,

2

autour duquel on tourne à la voile, à une distance de 1000 à 1500 mètres... » — On le devine, même à défaut d'aventures, la campagne
sera pleine d'attraits, et profitable. Il suffit
pour s'en convaincre d'ouvrir la correspondance de J. de Larminat, et d'y suivre à la
trace l'impression des incidents de la vie du
bord et des spectacles qui se succèdent.

« *Samedi, 8 octobre, à 10 heures et demie
du matin. — A bord du Jean-Bart, vaisseau
de troisième rang à deux ponts, de 86 canons.*
Me voici désormais bel et bien embarqué à bord
d'un vrai vaisseau de guerre. J'ai déjà goûté de
tout, quart de jour, quart de nuit, corvées, etc.
— Je me sens plus que jamais dans mon élé-
ment. Les formes plus que rudes du Borda ont
fait place à une politesse que j'eusse à peine
soupçonnée chez quelques-uns. Je suis enchanté
de mon navire comme matériel, nous sommes
huit dans un local où douze tiendraient au large.

Nous sommes éclairés par deux sabords pendant le jour, et, pendant la nuit, par quatre chandelles qui répandent une clarté fumeuse. Notre règlement est des plus doux ; à la mer, comme en rade, on ne ramasse les hamacs qu'à six heures, et, le soir, on se couche à partir de sept heures, si on veut. On est libre de veiller jusqu'à l'extinction des lumières, phénomène naturel qui arrive vers une heure du matin. Pour le moment je suis enthousiasmé de tout, de mon bateau, de la campagne, des heures de quart et même de corvée. Je n'ai pas mis le pied à terre depuis mon embarquement, si ce n'est hier où j'ai conduit vingt-cinq hommes pour embarquer des obus de combat avec la chaloupe. Il faisait un temps affreux et cette pénible mission a duré quatre heures. L'officier de quart a été satisfait. Nous avons un jour ou deux libres, mais quand nous sommes employés, nous le sommes bien. Hier, de huit heures à midi, j'étais de quart ; de midi à 4 heures,

ma petite corvée ; enfin, de 10 heures du soir à
2 heures du matin, encore de quart. Voici notre
itinéraire que je copie textuellement sur la
feuille imprimée : Itinéraire du *Jean-Bart* :
1871-1872 — Brest, Palma (Canaries), Dakar,
Bahia, Montevideo, Le Cap, Saint-Hélène,
Fayol (Açores), Lisbonne. — Nous sommes en
train de faire la provision de route. Nous nous
sommes arrangés pour nous fournir de conserves
dans le poste, à 100 francs par tête. Comme
détails caractéristique, 100 bouteilles de ver-
mouth, 25 bouteilles de liqueur, des comes-
tibles tels que sardines, thon, chocolat, thé,
sucre... On a aussi pensé aux distractions de
l'esprit et dressé une liste des romans les plus
fades. Je me suis abstenu d'y contribuer, vu
le nombre des livres sérieux que je possède
déjà. — On me prévient que j'ai à surveiller
dans cinq minutes le lavage du faux-pont. » Et
pour expliquer pourquoi le papier est tout cons-
tellé de petites empreintes rondes, Joseph

ajoute en post-scriptum : « Toutes ces petites empreintes représentent les trous de la table à roulis sur laquelle j'ai le plaisir de vous écrire. C'est au moyen de petits fichets en bois que l'on plante dedans que nous maintenons au roulis toute notre vaisselle ».

Dix jours plus tard, la description se complète, et porte sur le détail du service réglementaire auquel l'aspirant est assujetti. « *18 octobre*. En mer, par la traversée de Lisbonne. — Tous les deux jours, nous sommes de service, ce qui comprend huit heures de quart, dont quatre le jour et quatre la nuit; puis huit heures de corvée employées à faire peindre et astiquer le bateau, veiller à ce que le maître cuisinier ne rogne pas trop les portions ; enfin, les huit autres sont employées à manger et à dormir. Les jours libres, nous avons à faire des rôles d'équipage, plans de bateaux, cours de toute espèce, journaux humoristiques et journaux de bord. Aussi, je vous prie de croire que je n'ai pas le temps de m'ennuyer, et je l'aurais que je ne le ferais pas, car je suis le plus heureux des hommes de me voir entouré d'eau. Jusqu'ici nous n'avons fait qu'un jour à la vapeur, en sortant de Brest. Depuis, nous sommes constamment à la voile par des temps faits exprès. Nous avons eu les cacatois jusqu'au cap Finistère. Là, les oracles du bord, y compris le baromètre, ont signalé un coup de vent, mais nous n'en avons eu que l'embrun sous forme d'une bise de N. O. qui nous a fait filer bon train vers le Sud, depuis trois jours. » (1)

Les inévitables déboires de toute carrière maritime à ses débuts ne pouvaient manquer de se faire sentir, et il fallut payer léger tribut à la mer.

« *21 octobre*. En vue de Ténériffe. — Nous n'avons à nous plaindre que du roulis qui a mis en pièces un bon tiers de notre vaisselle et avarié

(1) Lettre à M. de Larminat, à Beaurieux.

tant soit peu nos estomacs. » Mais peu de jours
après, au sortir de plusieurs jours de tempête, il
peut dire avec l'accent du triomphe : « Je suis enfin marin comme il faut, la houle la plus intense
n'a plus rien qui puisse m'incommoder ! » Aussi
la mer et les îles qui en émergent offrent d'iné-
puisables sujets d'admiration à qui n'est plus
distrait du charme de les contempler. « Je n'aurais jamais cru qu'après onze jours de mer, la
vue de la côte serait si bien accueillie. Ce matin, pour un méchant îlot des Canaries que nous
avons longé à trois mille, tout le monde était
sur le pont, et, pour ma part, j'en ai pris quatre
vues sous différents aspects. Il est difficile de
voir quelque chose de plus beau que l'Océan
dans ces parages. Le jour, ce sont de gros moutons blancs de cent à deux cents mètres de long
qui courent après nous sur un fond d'indigo
foncé, et, la nuit, tout cela brille, de sorte qu'on
se croirait entouré d'effets de phosphore. »

27 octobre. En mer, près le banc d'Arquin, où

périt la Méduse (1). — Je cours grand largue,
c'est-à-dire que le vaisseau court grand largue
dans les vents alizés. Tu ne peux te figurer la
douceur de cette navigation, le vaisseau est
aussi tranquille que toi sur ta chaise, la brise
juste assez forte pour rafraîchir, la mer plate et
magnifique où l'on porte toutes ses voiles et l'on
passe tout le jour sans toucher une corde... Je
tiens fort au courant mon journal, malgré les
jours de quart et les corvées à n'en plus finir.
Une fois ces devoirs remplis, il faut se faire
violence pour renoncer au plaisir d'aller sur le
beaupré respirer la brise alizée et parler de la
France. On tient salon dans le filet du grand
foc, depuis huit heures du matin jusqu'à six
heures du soir ; alors, chacun se retire, et on
s'invite mutuellement à des thés ou pique-
niques dans les postes ».

Voilà bien la vie du bord, avec les diversions

(1) Lettre à mademoiselle A. de Larminat.

et les passe-temps qui en tempèrent les privations. Il y a aussi, quand on passe la ligne équa-
toriale, des fêtes légendaires, diminutif des petites saturnales d'autrefois, restées en honneur
non seulement sur les équipages français, mais
jusque dans la grave marine anglaise :

« *Décembre 1871*. — Nous sommes passés
dans la cuve baptismale *du père La Ligne*. La
fête est vraiment très drôle. Toutes les traditions
s'y sont conservées intégralement de six heures
du matin à huit heures du soir. C'est un vaste
bain ; tout l'équipage est costumé avec assez de
chic. Quánd tout le monde a été baptisé, on met
en jeu quatres pompes à incendies : officiers,
élèves, matelots et mousses s'arment de seaux
à incendie, et on satisfait à grands coups d'eau
de mer ses petites vengeances particulières. A
dix heures, on ouvre un grand bal sur le gail-
lard d'arrière ; il y a illumination, tous les instruments du bord se réunissent pour déchirer

les oreilles, et tout le monde danse avec un entrain incroyable, les officiers compris. Le lendemain, tout est dégrimé, remis en place, asti-
qué, et les rapports reprennent la raideur
réglementaire. Cette fête coupe assez bien la
monotonie de la navigation ».

Qui ne le voit ? les exercices et les corvées
de tous genres, avec les incidents joyeux qui les
agrémentent, les spectacles qui ont passé sous
les yeux, même les rapports tels que la discipline les règle avec chefs et camarades, ne
sont que le cadre de la vie à bord. Le fond ha-
bituel du tableau, pour un aspirant, c'est la vie
du poste, avec les relations qu'elle fait naître, et
qui varient suivant le genre ou le caractère des
compagnons qu'on y trouve. Dès que l'apprentissage des premiers jours a fait place à la rou-
tine du service, lorsque l'admiration pour les
spectacles de la mer a eu le temps de s'émousser,
chacun se replie sur lui-même. Les caractères
dessinent alors leurs formes qui se heurtent,

les oppositions d'idées se font jour, et souvent aussi les distractions et les conversations prennent un tour dont la vertu est offensée. De là, des situations délicates et pénibles que les lettres de Joseph laissent entrevoir sous le voile transparent des euphémismes. Pour lui, sans trancher de l'affectation ou de la raideur, excellant à masquer son déplaisir sous les saillies de la belle humeur, il réussit à ne compromettre ni sa conscience, ni la déférence pleine d'affection et d'estime dont il était l'objet. « Jusqu'ici, tout va bien ; on se supporte, et la bonne intelligence continue à régner dans le poste. Les affaires se sont arrangées sans que le moindre métal ait été appelé en cause. Cependant, le vieil homme commence à reparaître sous la peau de chacun, surtout depuis que nous sommes à la voile, car il y en a bien peu auxquels cette vie-là convienne, et de l'ennui à l'humeur et aux prises de bec il n'y a pas loin. Ma position dans le poste est pleine de charmes, depuis le

départ. Comme mes cahiers servent de proto-
type pour tout à tous mes camarades, depuis le
chef du poste jusqu'au dernier d'entre nous,
c'est à qui se ménagera mes bonnes grâces, et
c'est quelquefois très amusant (1). » — « La
paix continue à régner, cependant la réserve
commence à prendre la place de la cordialité
du début... Il faut, si c'est possible, se tenir
strictement en dehors de toute discussion (2). »
Et pour marquer comment il sait se défendre
des excès auxquels d'autres se laissent entraîner
sous ses yeux, il envoie à l'un de ses frères
ces quelques mots qui contiennent un programme : « Il faut être bon et conciliant, mais
ne pas se laisser mener par le bout du nez...
Reste indépendant en tout ; on n'est heureux
et digne de soi qu'à ce prix (3). »

Après le compte-rendu circonstancié de la

(1) Lettre du 20 octobre, à M. de Larminat.
(2) Lettre du 6 Novembre.
(3) Lettre du 2 février 1872.

vie à bord devait venir le récit des descentes à terre et des aventures qu'elles amènent parfois.

« *30 Décembre.* — Rade de Dakar. — Je reviens de terre, heureux comme un prince d'avoir conquis pour dix sous l'amitié à vie du roi des Ouakanis, et comme je trouvais que c'était un peu cher, il m'a donné par-dessus le marché une tête de biche qui lui servait de fétiche. C'est une affaire d'or... Réunissez tout ce que vous avez lu de plus excentrique sur les peuplades sauvages, vous aurez une idée de Dakar. A notre arrivée, une cinquantaine de pirogues des plus primitives, montées par des familles entières vêtues de petites ficelles, se sont précipitées autour de nous, pour vendre les plus drôles de poissons qu'on puisse imaginer, et vraiment pour rien. On voudrait avoir le crayon à la main sans débrider, et coucher sur le papier tous ces types impossibles, qui fourmillent autour de nous. Jetez un sou au milieu de ces pirogues ; quinze ou vingt grands gaillards piquent leur tête immédiatement, le rattrapent à la course, se battent sous l'eau, tandis que les requins de la plus belle venue les couvent d'un œil-d'envie, mais ils n'y touchent pas, car jamais ils n'approchent d'un homme qui remue. »

« Bahia, 5 *Décembre.* — Des monceaux de bananes énormes, d'ananas juteux et succulents, pourrissent sur les quais, en plein soleil, mêlés à tous les oiseaux possibles et à des singes qui se vendent pour rien. Français, Portugais, Allemands, peu de Brésiliens, courent à demi nus dans les rues, obsédés par une foule de mendiants d'une malpropreté inimaginable. Nous cuisons ; on transpire toute la journée et toute la nuit. Moi, qui suis très maigre, je suis toujours comme un fleuve. C'est une condition *sine qua non* de bonne santé. » Le lendemain, 6 décembre : « Je viens de faire mes adieux à la ville de Bahia. Je ne la regrette pas. Nous avons eu beaucoup de temps, nous autres aspirants, pour courir la campagne. Je l'ai échappé belle aujourd'hui. Je me suis si bien perdu dans les profondeurs d'une forêt d'un inextricable délicieux que j'ai manqué le canot. Je suis rentré une heure plus tard, avec les officiers. A quoi servent les bonnes relations : le commandant en second s'est beaucoup amusé de ma mésaventure, et m'a renvoyé de la plainte sans la moindre station au magasin général. Ce petit local, situé à l'avant du bâtiment, dans le fin fond de la cale, sert d'abri à nos remords après chaque manquement au service. J'y ai été trois fois !... rassurez-vous, c'était pour des mesures nécessaires au plan de la cale qui nous donne bien du tracas depuis trois jours... Le *Jean-Bart*, à ce moment, est une vraie ménagerie ; il n'y a pas de poste qui n'ait quatre ouistitis, un nombre infini de perruches qui, au moment même où je vous écris, mêlent leurs grincements et leurs cris atroces aux miaulements désastreux d'un orgue de barbarie, au son duquel tout l'équipage danse sur le pont. C'est une distraction que l'on accorde tous les dimanches aux matelots ; d'ordinaire, il se joint à l'orgue un ou deux clairons, des tambours, quelques sifflets de manœuvre ; et l'orchestre ainsi composé met les nerfs publics à une épreuve, qui dure depuis midi jusqu'à neuf heures du soir. »

« *Fernambuco.* — Comme c'était hier la fête de dom Pedro (l'empereur du Brésil), il y a eu grande illumination ; mais ce qui m'a fait le plus de plaisir, ça été d'entrer dans les églises pour y entendre des saluts. Il y avait bien longtemps que je n'avais vu une belle cérémonie dans une église, sur terre. Pendant quelques instants, je me suis cru dans une cathédrale française, et ce sera un des plus agréables souvenirs de ma campagne. Ici, il n'y a pas de bancs dans les églises, et tout autour il y a des couloirs sur lesquels s'ouvrent beaucoup de petites salles à tous les usages, fumoirs, buvettes, salons particuliers, salles de jeu, etc. En somme, c'est très drôle et très contraire à nos idées de respect pour les églises. »

Dans ce premier voyage, les secours religieux abondaient sur le *Jean-Bart*, et Joseph, répondant aux questions de madame de Larminat, lui apprenait à la fois la présence de l'aumônier à bord, et le profit qu'il savait en tirer :

23 *décembre* 1871. — J'ai fait dès longtemps connaissance de l'aumônier, chez lequel je passe bien des soirées ; il cause d'une façon ravissante et m'instruit en m'amusant. C'est une bien bonne diversion avec la tabagie du poste. Quant aux détails que maman demande, si l'aumônier vient de temps en temps dans les postes ; non. Je crois qu'il y serait bien reçu, mais par

la plupart avec une froideur extrême. C'est nous qui allons chez lui ; il a une chambre qui sert de tout. On peut très facilement remplir ses devoirs religieux, et c'est une bien grande consolation... J'espère que vous penserez à moi, le jour de Noël. Quoique je sois le plus heureux des mortels, cela ne sera pas de trop. Ma messe de minuit sera sans faste ; c'est probablement moi qui la servirai, car je doute qu'il y ait affluence. Il y aura pourtant sans doute le commandant, qui est très pieux (1); c'est mon idéal, un homme tout simple et parfait. Je me ferais couper en petits morceaux pour m'entendre dire qu'il est content de moi. »

Désir glorieux, à coup sûr, que celui de satisfaire ses chefs et de savoir qu'on y a réussi. J. de Larminat ne devait pas tarder à être rassuré à cet égard, car, dès avant sa sortie du

(1) Le commandant Duburquoy, aujourd'hui vice-amiral.

Jean Bart, après six mois de navigation, plusieurs numéros gagnés au classement lui en apportaient le témoignage. Il s'était déjà fait remarquer comme un élève plein d'activité et de ressources, homme de coup d'œil, précis dans ses observations, expéditif et très habile à se débrouiller par lui-même. *Débrouillez-vous* est, on le sait, le mot d'ordre consacré dans la marine. On donne n'importe quelle mission à un jeune officier, on lui indique à grands traits ce qu'il doit faire, et on y ajoute : « Au surplus, Monsieur, faites comme vous l'entendrez, *débrouillez-vous.* » Et muni de ce mot, l'officier s'éloigne, met en jeu son initiative et son savoir-faire, et réussit ; et lorsque, sa mission finie, il en rend compte à son chef, celui-ci répond simplement : « Bien, monsieur », et tout est dit. J. de Larminat aimait à redire que les choses se passent bien ainsi, et que son secret pour réussir avait été de comprendre ainsi ses devoirs.

Dès cette première campagne, il semble avoir eu le pressentiment du genre d'études auquel il devait se consacrer dans la suite et qui devait faire le sujet de ses mémoires les plus remarqués. Le 19 février 1872, il écrit du Cap, après avoir considéré, mouillés dans la baie, les magnifiques vaisseaux nouveau-modèle des Anglais : « Je travaille avec fureur l'architecture navale, et je crois que sans négliger mes autres parties, c'est sur la marine à venir que je tournerai mes travaux. » L'élève s'efface donc déjà pour faire place au marin, son esprit se dégage des habitudes d'où la réflexion personnelle est absente et l'ambition de perfectionner, pour sa part, la tactique navale et l'armement maritime de la France ne le quittera plus.

III

PREMIÈRE CAMPAGNE DES INDES, A BORD DE
la *Clorinde* 1873-1874.
SECONDE CAMPAGNE, A BORD DU *d'Assas*
1874-1875.

Après l'Atlantique il faudra explorer la Méditerranée et la mer des Indes, avec La Réunion, Nossi-Bé et les Seychelles pour objectif. Cette fois, la navigation n'a plus le charme de la nouveauté ; ce qu'on lui demande surtout, c'est un complément d'instruction. — Sur la table de travail de l'aspirant, à côté de ses ouvrages techniques et des cahiers dont on n'a pas oublié de le munir pour lui rappeler la

rédaction de ses notes de voyages, figurent
bon nombre de livres d'apologétique et de
piété. Pour échapper à l'influence « de sophis-
mes, qui se débitent sans compter et qu'on res-
pire comme l'air, dans un poste d'aspirants »,
il voulait souvent retremper son âme dans la
prière et dans les lectures qui parlent de Dieu.
Pour ne pas gaspiller le temps, il s'était fixé un
règlement détaillé, tous ses loisirs privés y
avaient leur emploi. Mais les services régle-
mentaires de surcroît devaient surabonder jour
et nuit pendant toute la campagne et faire bien
mince la part de temps laissée à Auguste Ni-
colas et à Joseph de Maistre, embarqués sur *la
Clorinde*. (1)

26 mars 1873. En rade de Cadix. — J'ai l'initiative d'un tas de petits arrangements inté-
rieurs, pour rendre le bateau propre et coquet,

(1) Lettre à un ami. Août 1874.

dans la cale, dans la batterie, le faux-pont...
J'ai une rage d'ordre et de propreté qui s'étend
jusqu'au moral. Mon métier n'est pas pénible,
mais il est de tous les instants. Je suis cependant la figure la plus connue du bord, puisqu'il
faut qu'à chaque moment un homme en faute,
en quelque recoin du bateau qu'il se trouve, soit
sûr de voir surgir ma longue silhouette droit
devant lui. Je dois être asymptote de la
bilocation. Vous trouverez peut-être que c'est
un métier de policeman, et le fait est que cela
s'en rapproche un peu, mais on y prend une autorité presque égale à celle du capitaine de frégate et on apprend à être bon second de navire.

De temps à autre, je vais m'asseoir à mon
bureau, et j'écris mon journal, ou bien je des-
sine ; sous ce rapport je suis d'une constance
admirable. Le premier de mes deux grands al-
bums est déjà plein. Je vais chercher des croquis à terre accompagné d'un ou deux de mes
camarades qui ramassent des insectes à mon

intention, de sorte que tout marche de front. Malgré tout, je trouve que les richesses conchyologiques, animales et pittoresques, sont épuisées dans ce petit coin de l'Andalousie. — Dans le poste, on n'entend que des facéties gaies. Les plus grandes souffrances matérielles glissent sans entamer la rude carapace d'un bon aspirant ; rien ne le fait sourciller, et mourant de faim et d'asphyxie, une de ses dernières paroles serait vraisemblablement une drôlerie. Il est vrai que la scène change, dès que la zizanie se met dans ces six pieds cubes ! »

Après Cadix, « où les Espagnols lézardent au grand soleil, couchés sur les promenades et sur les quais », *la Clorinde* relâche à Alger, d'où l'on voit « au loin, les Kabyles, en burnous national, sillonnant la plaine au grand galop de leurs petits chevaux », et où la procession du Très Saint-Sacrement se déroule à travers la ville, escortée par l'amiral Gueydon, gouver-

neur genéral et par les officiers de terre et de
mer. L'apostasie de la France officielle devait
bientôt, hélas! nous déshabituer de ce spectacle! — Puis on arrive à la mer Rouge, à l'é-
poque des grandes chaleurs qui la rendent souvent mortelle, d'autant plus que beaucoup ne
voient dans les mesures de précaution sévè-
rement prescrites que des consignes discipli-
naires et ne cherchent qu'à les enfreindre.

« Aden, *24 juillet.* — Quelle terrible épreuve
que la mer Rouge! Figurez-vous seulement des
aspirants français entassés dans un poste dont la
plus grande arête a 2^m 25, et où la température
n'a jamais moins de 37° d puis Port-Saïd.
Tous les matins, mourant de chaleur, on obte-
nait la permission d'ouvrir les hublots, quand
la mer était belle. Vous savez que ce sont des
verres lenticulaires élevés d'environ soixante
centimètres au-dessus de l'eau. Or, quatre jours
de suite nous avons embarqué par là d'énormes

paquets d'eau ; mon caisson est précisément sous un des hublots, et j'ai tout mon linge et mes chaussures perdus. C'est ce qui m'a le plus ennuyé. Joignez à cela l'avantage d'avoir les jambes dans l'eau toute la journée, et l'infection produite dans ce cloaque par la pourriture du bois, des effets et des vivres.

Aux repas, je n'ai jamais bu d'eau à moins de 32°, et encore est-ce de l'eau distillée remplie de suif et ignoble. Ne vous faites pourtant pas de votre grand fils une idée par trop cadavéreuse. Le physique n'est guère attaqué, bien que j'aie passé quinze nuits sur une cage à poules, et dans l'état d'une pomme d'arrosoir en activité. Quant au moral, il est fort bon (1). »

Au delà d'Aden, à Zanzibar, c'est la nature des tropiques, et avec elle, la grande faune africaine. L'année précédente, J. de Larminat écri-

(1) A M. de Larminat.

vait du Cap : « Mes jumelles plongent dans les jongles de la Hottentotie, scrutent ses vallons épineux où glissent les serpents, ses forêts plus noires que la nuit où se cache l'éléphant. A perte de vue s'étendent des savanes immenses où l'autruche fuit à tire de pattes le galop effréné des *gentlemen-riders* de l'endroit (2). » En mettant le pied sur la côte de Zanzibar, les instincts du naturaliste se réveillent et ceux du chasseur tressaillent plus encore :

« Zanzibar, 31 *juillet* 1873. Me voici en pleine patrie des serpents et des hippopotames, après une charmante traversée. Sous l'influence bienfaisante des moussons qui sont très fraîches, toutes les indispositions ont disparu, et trois jours d'abondance au milieu des fruits les plus exquis qu'on n'achète même pas, mais qui se donnent, ont suffi à nous remonter le moral.

(2) Lettre de février 1872. — A son frère Henri.

Tout serait donc à souhait, sans les pluies diluviennes qui ne nous permettent que de descendre pendant de courtes éclaircies, et surtout si je devais recevoir ici des nouvelles de vous. Mais me voilà obligé d'attendre encore jusqu'à Bourbon, où nous serons le 15 septembre, après relâche à Bagamoho (grande maison des Frères Maristes, à trente milles d'ici), à Mayotte et sur la côte ouest de Madagascar. Nous serons à peine un mois à Bourbon, d'où nous ferons voile, vers le 15 octobre, pour Nossi-Bé, Nossi-Combo, Nossi-Mission, Sainte-Marie de Madagascar, Tamatave, Mahé (des Seychelles), Ceylan et toute la côte de l'Inde. D'après ce que je vois, nous ferons beaucoup de mer, et j'en suis enchanté. J'ai d'ailleurs une autre corde à mon arc. Un lieutenant de vaisseau, avec lequel je suis presque intime, va commander à Madagascar une canonnière de première classe, et il serait possible que je m'embarquasse avec lui comme officier de choix. Mais d'un autre côté,

il me serait pénible de quitter le poste : c'est
l'idéal de l'entente cordiale, depuis cinq mois,
et cet avantage est assez rare pour que je désire
ne pas manquer l'occasion d'un voyage de deux
ou trois ans dans ces conditions, et parce que
certainement la grande navigation de *la Clorinde* sera plus instructive. Bref, j'ai encore
à réfléchir... Nous assistons avec un sourire de
convenance internationale à la prise de possession de Zanzibar par les Anglais. Voici le
conflit en deux mots : La traite des noirs entre
l'île et la grande terre, c'est-à-dire la traite inté-
rieure, était permise au sud, pendant les huit
mois de l'année où les vents ne permettent pas
de les transporter en Arabie ou à Madagascar.
Cette année, les Anglais ont résolu d'empêcher
même cela, fallacieux prétexte pour s'empa-
rer d'un point de station fort riche. Le
sultan devait naturellement refuser, ce petit
commerce lui rapportant plus de deux millions
par an. Alors on en est venu aux faits. Les

chaloupes anglaises croisent continuellement dans le canal, pinçant, non sans danger, tous les bâtiments négriers. Le sultan va être emmené en Angleterre, le 15 août, pendant que les Anglais établiront ici un ponton et une bonne garnison. A son retour, le sultan se trouvera être simplement le plus grand propriétaire de la colonie. Pour lui fermer les yeux, l'Anglais consent à lui payer une dette de 26 millions, qu'il avait contractée vis-à-vis de son suzerain, l'iman de Mascate (1). Je m'attendais, en arri-

(1) Les prévisions de cette lettre sur l'établissement des Anglais à Zanzibar ne se sont pas réalisées, la toute-puissante influence de l'Allemagne ayant fait échec à Zanzibar, comme sur d'autres points de la côte africaine, aux visées de l'Angleterre.

Pour se rendre un compte exact de la situation actuelle de Zanzibar, passé en réalité sous la domination de l'Allemagne, il faut lire, au tome XIII de la *Nouvelle Géographie universelle* par Elisée Reclus : *L'Afrique méridionale*, le chapitre XI ayant pour titre : Zanzibar. *Le protectorat allemand de l'Afrique orientale.* — On y verra quels domaines considérables les Allemands qui passèrent, en 1884, leurs premiers traités pour l'acquisition de territoires, ont, depuis trois ans, ajoutés à leur empire. « En 1886, une convention spéciale signée avec l'Angle-

vant ici, à trouver quelques huttes de nègres, et deux ou trois entrepôts de commerce. Hélas ! la civilisation s'étend même jusqu'ici : une longue rangée de maisons à trois et quatre étages, arabes il est vrai, et de monuments publics, offre sur la plage un front très respectable, sans profondeur, mais plus que suffisant pour détruire la poésie des pays sauvages. L'île est habitée par près de 100,000 âmes. Ces naturels sont d'une *hideur* peu commune. Les Arabes sont propriétaires, et les nègres sont tous esclaves. Nous descendons, le soir, humer quelques bouffées d'air frais, sous les palmiers du marché aux esclaves...

terre reconnut non seulement les annexions déjà faites par les Allemands, mais encore celles qu'ils se promettent de faire un jour. Au delà d'une étroite zône côtière reconnue fictivement comme appartenant toujours au Sultan de Zanzibar, la région que les cartes représentent comme germanique occupe une superficie de 350,000 kilomètres carrés, et sa population est évaluée approximativement à 3,000,000 d'individus. On peut y ajouter d'avance les Etats du sultan de Zanzibar, car il est protégé, c'est-à-dire asservi. »

Le sultan nous a tous reçus dans un palais, le lendemain de notre arrivée. C'est un bel homme, à l'air intelligent, qui a paru très heureux de nous voir. Nous sommes tous invités à dîner chez lui demain. Il a une garde de persans affublés de cuirasses en peau d'hippopotames, de fusils à vents et de costumes impossibles. En sortant, j'ai été arrêté par un soldat qui m'a proposé d'acheter pour vingt roupies son sabre et son superbe bouclier ! La discipline a donc fort à faire dans cette honorable milice »
— « La rade est très poissonneuse, et exploitée par de curieux bateaux de pêche. Un tronc d'arbre en fait tous les frais. Qu'il soit tordu ou droit, peu importe, on le creuse au feu ; puis comme cela n'aurait pas la moindre stabilité, on y fixe deux longues traverses perpendiculaires, sur les deux bouts de chaque bord on cloue deux planches à plat. On obtient ainsi la pirogue à double balancier, chef-d'œuvre de naïveté, qui ne peut ni chavirer, ni couler, et

traverserait, au besoin, un cyclone sans courir de danger. Ce sont les mêmes pirogues qui nous apportent, tous les matins, nos provisions de vivres frais. »

« Zanzibar, 1er août 1873. — Je ferme ma lettre, mon cher papa, au retour d'un gala chez le sultan. Je tenais absolument à y aller, vu la rareté des occasions et, de fait, c'est excessivement curieux. La religion ne lui permet pas de manger avec ses hôtes ; aussi, pendant qu'ils prennent place à un bord de la table sur de grands fauteuils en riche bois sculpté, la cour s'assied à la turque sur une estrade en face et regarde avec un vif intérêt que je présume simulé. On ne boit que de l'eau de rose, pas de vin, bien entendu. On se déshonorerait ici en offrant un morceau de viande, c'est l'animal tout entier qui paraît dans de véritables baignoires. Il n'y a que le bœuf, qui, trop gros pour y tenir tout entier, était servi en deux moitiés. J'ai mangé du *maque*, espèce de singe, grand comme un enfant de quatre ans, arrangé et farci au coco et à la patate douce. Entre chaque plat circulaient des gâteaux de maïs et de manioc et d'excellentes compotes de fruits... »

La réception chez le sultan de Zanzibar devait rester le souvenir pittoresque de la campagne des Indes, dessiné avec humour dans plus de vingt croquis, toujours raconté par la suite avec une verve toute pétillante d'esprit.

Avant de quitter Zanzibar il y eut des chasses aventureuses dans les lianes serrées, à la poursuite des gazelles et même des panthères qui abondent et on s'embarqua pendant des heures dans les joncs des marais pour y surprendre l'apparition des caïmans. Mais J. de Larminat expia bientôt cette intempérance de courses et de fatigues, sous un soleil brûlant (la température moyenne de Zanzibar est de

27°) par une fièvre violente qui ne put être complètement guérie qu'à la Réunion. Après quelques jours de réclusion forcée dans une chambre d'hôpital, lorsque ses forces rétablies lui permirent de reprendre la mer, il fut désigné pour achever la campagne à bord de la canonnière *le Frêlon*, à destination de Mayotte et des Seychelles, et rentra en France au mois de juillet 1874. Ce ne fut qu'une apparition à Beaurieux, « un bain d'air natal et amical » entre deux campagnes dans les mers de l'Inde; car, dès le mois de septembre, il s'embarquait sur la corvette *le d'Assas* et faisait voile vers Saïgon. Pendant cette campagne, moins intéressante que les deux précédentes, puisqu'elle reprenait, en partie, la route déjà parcourue, J. de Larminat passa du poste des aspirants au carré des officiers. Sa nomination d'enseigne de vaisseau était datée du 27 avril 1875, et lui fut remise à Saïgon. Mais il n'eut pas l'occasion d'exercer sur *le d'Assas* les fonctions de son nouveau grade. Une maladie grave lui interdit tout service actif et le retint cloué, pendant deux mois, à l'hôpital. Après une guérison difficile, le contre-amiral Duperré, alors gouverneur de la Cochinchine, le fit rentrer en France. A peine débarqué, il écrit de Beaurieux à un ami : « On t'aura sûrement dit que j'avais passé plusieurs mois à l'hôpital, et que j'en étais sorti dans un état de santé pitoyable. Je te souhaite de ne jamais connaître la fièvre de Saïgon. J'avais communié, à Lorient, avant de m'embarquer sur le d'Assas, et j'ai confié à Saïgon mon voyage de retour à la Sainte-Vierge. Grâce à elle, je suis arrivé en France en beaucoup meilleur état que je n'osais espérer, l'air de la mer ayant fait une excellente diversion à cet alambic paludéen de la Cochinchine. Je ne te dirai rien de ma dernière campagne. Sauf Aden et l'Inde, je n'ai rien vu, et puis on perd bien vite l'admiration enthousiaste du novice, sujet aux impressions vives.

J'avoue qu'on m'enverrait demain au pôle sud que je bouclerais ma valise avec le même calme et avec les mêmes sentiments d'indifférence que pour aller à Pontoise. La Providence a le bras assez long pour me protéger là-bas comme ici. »

«... Depuis mon arrivée, je n'ai pas cessé de servir de cible à toutes les invitations les plus flatteuses qui n'attendaient que ce congé pour faire feu de toutes parts et fêter ma première épaulette. Il en sera sans doute ainsi jusqu'à mon départ. Je resterai en Normandie pour les grandes chasses de l'automne, mais je ne voudrais pas passer sans rien faire les six mois de mon congé de convalescence. Je désire, avant de rembarquer, faire une petite retraite ; j'en tirerai un grand bien ; en attendant, la très Sainte Vierge restera, comme tu me le dis, ma miséricordieuse protectrice (1). »

(1) Lettre à un ami. *Octobre 1875.*

4

Le 1er janvier 1876, l'enseigne de vaisseau
de Larminat était attaché au port de Cherbourg,
en attendant un embarquement prochain. « Je
comptais trouver ici en arrivant un service
quelconque : rien à faire. Je n'ai qu'à assister
quelques heures par semaine aux cours de tor-
pille et d'allemand. C'est dérisoire. Aussi je
profite du droit inhérent à mon grade de sou-
mettre des inventions au ministère et de traiter
les sujets mis au concours. J'ai trouvé d'ailleurs
à Cherbourg d'excellents amis et des chefs bien
disposés en ma faveur (1). » Dès la fin de mars,
ce provisoire cessait et J. de Larminat recevait l'ordre de s'embarquer sur *la Dives*,
petite frégate à voiles.

« A Cherbourg, 15 *mars* 1876. — Notre correspondance va de nouveau être battue par
les vents et les fureurs de l'Atlantique-Nord.

(1) Lettre de Janvier 1876. — A un ami.

Je suis embarqué sur un des navires qui vont faire respecter les droits de nos nationaux sur le banc de Terre-Neuve. Après la campagne de Terre-Neuve, qui durera six mois, nous irons, pour trois ans, en Nouvelle-Calédonie. Rien ne pouvait mieux m'aller. Nous ferons de l'hydrographie. L'amiral, que je connais bien, m'en a fait charger ; c'est ma passion, et j'ai quelques prétentions comme observateur. Notre bateau est excellent et n'a qu'une machine insignifiante ; c'est un point capital, car dans ce temps de charbonniers, tout le monde vraiment marin pose pour n'aimer que la marine à voiles. Le commandant est un homme très distingué et très religieux ; avec mes camarades de carré les relations seront excellentes. Nous partirons le 5 avril, et bientôt je t'expédierai de là-bas un peu de prose glaciale. Je me suis confessé hier ; continue à prier pour moi. Une chose que tu n'as pas à craindre de moi, c'est le respect humain. Je suis assez sûr de l'estime de mes camarades et de mes chefs pour n'être pas arrêté par la crainte de leur déplaire, quand il s'agira de remplir mon devoir (1). »

(1) Lettre à un ami.

IV

CAMPAGNE DE TERRE-NEUVE, SUR *la Dives. 1876.*
SÉJOUR SUR *la Bretagne. 1877.*

L'embarquement sur *la Dives* en 1876 marque bien pour J. de Larminat le point de départ de l'initiative personnelle, l'évolution définitive et complète de l'esprit vers tous les travaux techniques de la marine militaire. L'élève qui se contente de s'assimiler et de retenir a disparu ; c'est le marin formé qui apparaît, homme d'expérience déjà observateur et praticien, avec la compréhension nette des choses de son art les plus diverses, ayant approfondi par lui-même

4.

toutes les sciences dont la tactique navale est tributaire.

Les travaux qu'il mène de front pendant six mois paraîtraient incroyables, si les preuves n'en étaient entre nos mains, dans ses lettres, ses journaux de bord et ses cahiers de notes où sont consignés ses observations personnelles et les extraits de ses lectures. Outre les corvées de service ordinaire et les observations hydrographiques dont il était chargé, il avait soin des montres et faisait un cours d'instruction aux hommes du bord. De plus, profitant de son séjour sur l'un des théâtres de nos démêlés traditionnels avec les Anglais, J. de Larminat voulut étudier à fond la longue lutte de la France et de l'Angleterre depuis le moyen âge et les contestations de tous genres qu'a fait naître, aux colonies, l'interprétation des traités de 1763, de 1783, et de 1815.

Ce n'est pas tout encore. *La Dives* devait passer à une petite distance de l'Islande. Cette île, très peu connue en France, est l'objet d'études précises et étendues où les conditions climatériques, la richesse exacte de la pêche, la vieille mythologie, l'histoire politique, sont tour à tour passées en revue. Enfin, vers la fin de la campagne et dans les mois qui la suivirent, comme diversion aux études scientifiques activement poussées, l'histoire des Français dans l'Inde, au XVIII⁰ siècle, fut analysée sur documents anglais et français.

Tels furent les passe-temps de J. de Larminat dans toutes ses campagnes. Toujours par la suite son goût naturel pour le travail fut, non pas distrait, mais stimulé par la diversité des circonstances et des spectacles ; et, au sein de ces occupations multiples poursuivies avec la méthode calme qui était l'un des traits de son caractère, on verra bientôt (1) qu'il sut garder aux études religieuses le rang d'honneur qui leur est dû.

(1) P. 73.

D'ordinaire, son esprit abordait les questions religieuses, non par les notions métaphysiques, mais par le côté historique et moral. Dans les rares causeries où il put donner libre cours à ses pensées sur ces sortes de sujets, son bon sens allait d'un bond et en quelques mots droit à la raison dernière des choses. « Je discute très rarement religion avec mes camarades, écrivait-il à un ami, en 1874; cela ne fait qu'irriter, celui qui a tort ne voulant pas se laisser convaincre. Mais avec un protestant, il me semble que j'aurais beau jeu. Les protestants ont la prétention que le libre examen en matière religieuse peut très bien se concilier avec l'unité religieuse des esprits qui est le caractère essentiel de la vérité. Mais comment des esprits procédant en toute liberté, sans s'être entendus, arriveront-il à l'unité religieuse sur toutes les choses essentielles? La marche individuelle et vagabonde ne peut que les jeter aux quatre vents du ciel. Jésus-Christ n'a pas promis qu'il enseignerait infailliblement tous les hommes pris en particulier, mais seulement les chefs de l'Église enseignante... N'est ce pas une colossale supercherie que de couvrir avec le pavillon de la Bible toutes les fausses marchandises et toutes les contrebandes de l'esprit humain? » La campagne de 1876 fit tomber entre les mains de J. de Larminat les œuvres de Blanc de Saint-Bonnet qu'il lut avec ravissement et chercha plus tard à faire connaître à d'autres.

« A la mer. En panne par une brume épaisse devant l'entrée de Saint-Jean de Terre-Neuve. *Mai 1876.* — M'en voudras-tu, mon cher ami, d'être resté si longtemps sans décocher un coup d'archet transatlantique à la corde de notre amitié? Nous allons à Saint-Jean pour y chercher et y porter nos lettres, et repartirons le lendemain de notre mouillage pour recommencer le tour de Terre-Neuve et porter le courrier aux pêcheurs. Voilà à quoi se réduit notre mission sur cette côte, ainsi qu'à défendre nos droits de pêche attaqués en paroles et en actes par les Anglais. Grâce à ce métier, voici plus de six semaines que nous n'avons vu figure humaine, car les pêcheurs de morue et les pauvres Indiens mic-mac, seuls êtres avec lesquels nous ayons de loin en loin quelques rapports, tiennent le dernier degré de l'échelle des bimanes. Pour comble de bonheur, voici deux mois que les malentendus de la poste nous privent de nos lettres, nous-mêmes qui faisons le service du courrier. Le Français né malin n'est assurément pas né pratique. J'ignore absolument ce que devient ma famille, et nous ne saurons que demain si la brume veut bien se dissiper, ce que vous devenez en Europe. On se fait plus vite qu'on ne croirait à cet isolement absolu. Privé de toutes les agitations bruyantes du monde, le cœur goûte une paix profonde et l'esprit s'habitue à considérer la vie d'une manière plus austère et

plus élevée. Je travaille beaucoup, descendant
à terre seulement pour chasser, le jeudi et le dimanche, simplement par hygiène ; je trouve des
plaisirs infinis à me plonger dans les livres. Je
refais peu à peu toutes mes études et je vois
approcher le moment où je saurai à fond toute
l'histoire, ce qui est l'une de mes grandes ambi-
tions. A d'autres points de vue, la campagne est
très intéressante. C'est à grand tort que le seul
nom de Terre-Neuve éveille l'idée d'une terre
aride et désolée. La côte est, au contraire, très
boisée et pittoresque, de sorte que nous jouis-
sons à la fois des jolis paysages de la zone tempé-
rée et des grandioses spectacles de la nature
boréale. Les aurores sont presque quotidiennes
et splendides, surtout à la mer où elles éclairent
les glaces de lueurs fantastiques. Nous sommes
à l'époque où les énormes glaces polaires descendent dans le Sud. La mer en est hérissée,
à perte de vue. Le terme de glace est assez im-
propre ; ce sont plutôt d'énormes blocs de neige

durcie qui atteignent souvent cent et cent cinquante mètres de haut et affectent les formes les plus bizarres. Leur voisinage n'est malheureusement pas sans dangers. La chaleur désagrège petit à petit ces masses qui se fendillent avec de petits craquements assez semblables à des coups de canons. Quand une grande fissure s'est produite, les deux parties se séparent avec un fracas épouvantable et s'abattent sur la mer qu'elles soulèvent en lames énormes. D'autres fois, quand la mer a bien usé la partie immergée, le centre de gravité s'élève et l'équilibre stable se rétablit soudain par le retournement complet de l'édifice. Tous ces mouvements ont un aspect saisissant et un peu effrayant, quand on pense qu'on peut se trouver enveloppé par la brume et aller enfoncer son beaupré dans ces falaises de glace qui n'attendent que ce moment pour vous abîmer sous leur chute.

Voilà assez de dissertations sur ma situation actuelle. Si c'est toi qui as prié pour moi depuis mon départ, sache que cela n'a pas été perdu. Les pensées philosophiques et religieuses auxquelles je me livre me seront utiles. On ne peut pas ne pas observer courageusement sa religion après l'avoir étudiée et méditée ; voici que je commence seulement tout épouvanté d'être arrivé à mon âge, sans avoir songé à étudier sérieusement ces choses attachantes et terribles. C'est une étrange lacune dans l'instruction de de la plupart des Français, et je trouve que, même chez les Pères, la nécessité des examens du gouvernement fait glisser trop légèrement sur l'étude de la Religion. Qu'en penses-tu ? On devrait en enseigner au moins assez pour prouver qu'elle est la base de tout gouvernement et s'épargner les inepties courantes depuis la première révolution. Ce n'est pas bien difficile à comprendre ! La négation de ce principe fondamental de morale sociale me semble l'indice d'un esprit peu cultivé ou inintelligent. Aussi est-il bien triste de voir son pays aux

5

pattes de quelques centaines d'individus convaincus de l'incompétence de la religion en matière gouvernementale. Notre commandant, qui est religieux, m'a donné à lire un livre que je te recommande, si tu peux te le procurer, c'est *la Restauration en France*, par Blanc de Saint-Bonnet. C'est un exposé lumineux de nos désastres, de l'imminence de notre effondrement comme nation et des moyens d'y remédier. Il est trop sérieux pour les masses. Donne-moi ton avis, si tu le lis ; je me défie beaucoup de mes appréciations. Adieu… je suis fidèle à notre rendez-vous spirituel de tous les soirs, j'espère que ce n'est pas toi qui l'abandonneras le premier (1) ».

« Saint-Pierre. *18 mai 1876*. — En un demi-jour on fait le tour de l'île, à pied ; la promenade est à peu près nulle. Miquelon est couvert

(1) Lettre à un ami.

de perdreaux et de lièvres; ils ont été détruits à Saint-Pierre. Il n'y reste que quelques renards si à court de vivres qu'on les surprend d'ordinaire dans quelque séchoir de morues. Cet excellent poisson est d'ailleurs la nourriture de tout le monde, bêtes et gens. Les chevaux et les vaches ne mangent pas autre chose. Quant aux moutons et aux porcs, ce sont de vraies morues, tant ils en prennent la chair et le goût... Le climat de Saint-Pierre est sain et rude. Si nous avons 2° au-dessus de zéro, c'est pour le pays une chaleur exceptionnelle. Presque en permanence, nous avons une brume à couper au couteau et qui gèle la moelle des os (1). » Les conditions climatériques suffisent à expliquer pourquoi les habitants de Terre-Neuve et des îles adjacentes ne peuvent exploiter les richesses de leur sol et demandent toutes leurs subsistances à la mer. Présent dans ces parages à l'époque où les petites barques des pêcheurs

(1) Lettre à M. de Larminat.

français abordent en foule à Terre-Neuve, J. de
Larminat décrit dans son journal, en témoin
bien informé, le phénomène de cette témérité
qui dure depuis des siècles. « Il est étrange de
voir l'enthousiasme et l'insouciance de cette population maritime... Un calfatage sommaire et
une couche de peinture permettent au bâtiment
de tenir sur l'eau, comme par miracle ; quarante
matelots se disputent cette embarcation et vont
affronter gaîment, sans une voile de rechange,
sans une pièce de mâture en bon état, la mer la
plus rude du monde entier. Vienne le premier
gros temps ; il faudra nuit et jour, à la pompe,
disputer son existence à l'eau qui gagne lente-
ment ; les uns rentrent au port, les autres vont
se faire condamner à la côte la plus voisine, les
plus confiants coulent souvent à la mer ; et, l'année suivante, les mêmes faits se reproduisent
sans que l'expérience rende les marins plus
difficiles... Il est vrai que la Providence envoie
dans ce pays les harengs par escadrons volants

échoués sur les hauts fonds de la plage, pour nourrir hommes, femmes et enfants, comme une manne périodique. »

Pendant le séjour à Terre-Neuve, Saint-Pierre et Miquelon, le recensement des pêcheurs français du grand banc impose, même aux officiers de la marine militaire, des corvées du genre de celle-ci : « Faute d'aspirants, nous avons à faire nous-mêmes des corvées fort fastidieuses. Quelle vie que la nôtre, et comme on rirait de voir un officier de marine, une ficelle à la main, pataugeant dans des entrailles de morue pour prendre les mesures des installations que nos pêcheurs ont à terre, écrivant sur un carnet : *item* une hutte pour dix-huit pêcheurs, en mauvais état, planchéiée en fougère, et faite en piquets mal joints. Manque la porte, etc., etc. Nous avons des villages entiers à inventorier de cette façon (1). »

(1) Sydney (Nouvelle-Ecosse), 4 Août 1876. A. M. de Larminat.

Veut-on connaître, en présence des clauses explicites des traités de Paris et de Versailles sur le droit de pêche accordé aux Français, au banc de Terre-Neuve, les arguments contraires subtilement imaginés par les chambres anglaises de Saint-Jean ?

Les voici, d'après le journal de J. de Larminat. — « Au traité de Versailles, Terre-Neuve est cédée par la France à l'Angleterre, intégralement en ce qui concerne le territoire. Toutefois les Français gardent le droit de pêche sur toute la partie N.-O. et N.-E. du littoral, avec autorisation d'établir à terre des hangars et des séchoirs nécessaires, pourvu que ces établissements soient en bois et n'aient aucun caractère permanent. Les pêcheurs français doivent se rembarquer à la fin de chaque saison. Pour contester ce droit, les chambres de Saint-Jean argumentent de la sorte.

D'une part, la terre *intégralement* est aux Anglais ; d'autre part, aucune clause du traité ne fixe où doit s'arrêter la propriété particulière, sur le sol de Terre-Neuve. Donc, si un particulier possède sur la côte, il peut *chez lui* interdire aux pêcheurs français de s'établir et de construire ».

Cet argument, on le voit, réduit à l'état de pures abstractions les privilèges concédés au siècle dernier et confirmés en 1863. A cette époque, le gouvernement français obtint la reconnaissance du droit exclusif de nos nationaux sur la côte désignée précédemment. Les chambres de Terre-Neuve s'emportèrent en protestations. En 1876, elles avaient eu recours à l'argument que nous venons d'exposer et dont la solution est restée pendante jusqu'à ce jour (1).

---

(1) A Terre-Neuve, l'équipage de la *Dives* fut témoin du dévouement de quelques pauvres prêtres catholiques qui vont comme ils peuvent, à cheval le plus souvent, porter les secours surnaturels de leur ministère à 30 et 40 kilomètres. — Au commencement du mois de mai, on vit sortir de l'église de Saint-Jean la procession des rogations escortée par les habitants, et le journal de J. de Larminat porte « Mois de Marie à Terre-Neuve. Le sentiment catholique est plus développé chez ces

Comme la campagne de 1875, celle de 1876 fut réduite de trois ans à sept mois. *La Dives,* qui avait éprouvé des avaries considérables, dut retourner à Cherbourg en quittant la Nouvelle-Ecosse ; et, cette fois encore, la maladie, sans être la raison déterminante du retour prématuré, n'avait pas épargné J. de Larminat. Le 15 octobre, à peine débarqué à Brest, il adressait à la Très Sainte-Vierge son premier cri d'action de grâces : « J'ai été fort malade pendant mon dernier mois de campagne. Resté six heures de suite sur le pont par une pluie torrentielle mêlée de raffales de neige (j'avais déjà eu un quart semblable l'avant-veille,) j'ai attrapé un rhumatisme général, puis attaque de fièvre et de dysenterie. Le commandant, pendant tout le temps de ma maladie, m'a témoigné beaucoup d'intérêt, jusqu'à me doser lui-même matin et soir une tasse de tisane

pauvres populations que chez nos paysans aisés, et tandis que chez nous, le laboureur accueille la procession avec un sourir incrédule, ici elle est suivie de tous. »

de sa connaissance. Mais nous n'avions pas d'aumônier à bord, et la Sainte-Vierge a permis que je me tirasse de cette maladie fort difficile à soigner au milieu des glaces. Les fièvres ont retardé ma convalescence de telle sorte que je reviens du pays réputé le plus sain du monde, aussi démoli qu'à mon retour de Cochinchine. Mais je supporte ces secousses réitérées avec une facilité que ne me permettait pas d'espérer la faiblesse de mon tempérament (1). »

Quelques jours après son retour, J. de Larminat était attaché à l'état-major de *la Bretagne*, magnifique vaisseau mouillé à poste fixe au milieu de la rade de Brest. Il profita de la proximité de la ville pour se mettre à la disposition du Cercle catholique d'ouvriers, fit des conférences, et ne retrouva les grandes bibliothèques et tous les instruments de travail que pour avancer la composition de son *mémoire* sur la

(1) Lettre à un ami.

5.

tactique navale qui allait s'étendant et se ramifiant sous sa main depuis un an. Comme il arrive dans toute œuvre de longue haleine poursuivie à travers des préoccupations étrangères et traversée par les circonstances, les assauts de découragement se firent sentir, mais sans lasser la constance de l'écrivain. « Brest, *4 janvier 1877*. — Je travaille toujours, mais l'avenir m'apparaît mesquin et décoloré. J'aurais eu volontiers de l'ambition. A quoi bon ? Je suis assez sérieux pour la mépriser tout en la caressant... J'ai quelquefois le goût de la philosophie religieuse, par zèle. Mais quand je vois l'aveuglement volontaire de tous les gens que nous voulons confondre et leur écœurante raillerie mieux défendue par son aide que ne l'est notre religion par une foi qui ne cesse d'être une épouvante que lorsqu'on la possède, le découragement est près de me saisir, je l'avoue, et je suis bien tenté de m'endormir dans la facile paresse et l'égoïsme de la sécurité personnelle. Se laisser vivre obscur et tranquille est encore le chemin le plus simple du bonheur en ce monde, et cependant ce n'est pas cela que j'avais rêvé et ce que Dieu demande de moi !

Une de mes sœurs, religieuse de Saint-Thomas de Villeneuve, vient d'arriver ici à l'hôpital. Il règne ici une épidémie terrible de fièvre typhoïde qui a nécessité du renfort. Je la vois peu, mais l'exemple que me donne son dévouement au milieu des fatigues excessives me relève et me fait du bien... Mon mémoire ne me sort pas de la tête ; mais cela vaudra-t-il la peine d'être lu ?...

« *27 Mars.* » — Je viens de communier et m'en trouve tout heureux. Qu'on nie après cela l'influence de la grâce ! Je t'annonce une bonne nouvelle. Je viens d'être pris au choix par le commandant de la *Cornélie.* C'est une corvette à voiles qui sert d'école à gabiers et dont voici l'itinéraire annuel : du 10 mars au 20 avril, relâche à Brest ; du 20 avril au 10 septembre, croi-

sière dans le charmant groupe des Açores et à
Madère ; du 10 septembre au 20 octobre, relâche
à Brest ; du 20 octobre au 10 mars, croisière aux
Canaries, à Gorée, aux îles du Cap-Vert. Au
point de vue de la santé, de l'utilité comme
carrière, j'aurais cherché vingt ans avant de
trouver mieux (1). »

La campagne de J. de Larminat sur *la Cornélie* dans les parages déjà visités en 1871
dura à peine deux mois. Dès le mois de mai, il
était réclamé pour le service de terre, et attaché, à titre provisoire, au port de Cherbourg
d'où il écrit : « Ma vie s'écoule ici dans une
uniformité dont j'avais depuis longtemps perdu
la notion. Je ne fais plus de visites ; ma journée
est aussi réglée que celle d'un élève de collège. Je
travaille du matin au soir à mon ouvrage sur la
tactique... Mes seules distractions sont, tous
les jours, un bain de mer et deux heures de

(1) Lettre à un ami.

bureaux pendant lesquelles je vois défiler des touristes parisiens auxquels je signe des permissions pour visiter l'arsenal ; enfin, le samedi je siège, comme juge, au Conseil de guerre. En fait de distraction, celle-là est médiocre (1). »

Au mois de Septembre 1877, J. de Larminat était envoyé à Granville, sur l'*Averne*, petit aviso à roues, chargé de la surveillance des côtes. Il ne devait le quitter qu'à l'automne de l'année suivante, pour entrer à l'école des torpilles de l'île de l'Oléron.

C'est pendant son séjour à Granville, sur l'*Averne*, qu'il obtint un congé de quelques semaines (mars 1878) pour venir à Brest célébrer son mariage avec mademoiselle Marie Le Saulnier de la Cour, fille d'un capitaine de frégate et petite-fille de l'amiral Grivel. Par la vertu de celle qu'il épousait, comme par la solidarité des gloires de sa nouvelle famille qui, depuis

(1) Cherbourg, *22 Juillet 1877*. — A un ami.

cinquante ans, avait mis au service de la France deux générations d'amiraux, cette union apportait à J. de Larminat toutes les garanties du bonheur.

Les joies devaient, hélas ! en être courtes sur la terre. Moins de deux ans après le mariage, M. Le Saulnier de la Cour mourait en France ; le 24 février 1883, l'amiral Grivel, terrassé par les fièvres sur la côte du Sénégal rendait en mer sa vaillante âme à Dieu ; à la fin de juin 1884, madame J. de Larminat, peu après avoir donné la vie à un troisième enfant, s'éteignait consumée par une maladie de poitrine ; et bientôt J. de Larminat, brisé déjà par tous les coups inattendus et terribles qui lui avaient ravi les affections où il avait mis sa consolation, succombait lui-même en Chine, sous les atteintes d'un climat meurtrier, et laissait après lui trois enfants orphelins.

V

CAMPAGNE DE L'ATLANTIQUE-SUD SUR *la*
Vénus, 1879. TRAVAUX TECHNIQUES DE 1877
A 1884.

« Le goût déterminé pour la navigation,
écrivait J. de Larminat, a survécu au mariage
et à la paternité (1) ». Toutefois le veuvage tem-
poraire qu'entraînait désormais tout embarquement lui fut épargné pendant les dix mois qui
suivirent son mariage. Tout l'été de 1878 se
passa à Boyardville, dans l'île d'Oléron, où
l'on venait d'établir l'école des torpilles.

(1) Lettre du 3 avril 1882, à un ami.

Au commencement de 1879, l'ordre officiel arriva d'embarquer à Toulon sur la frégate amirale *la Vénus* pour la station des côtes d'Afrique et du Brésil. L'escadre qui devait toucher à Ténériffe (Santa-Cruz), Dakar, le Gabon, Montévidéo, avait à sa tête le contre-amiral Mottez « le premier manœuvrier de France et d'Angleterre réunies (1) ».

Près de ce chef, dont il ambitionnait depuis longtemps les leçons, les études de J. de Larminat sur toutes « les questions du métier », sur le rôle des torpilleurs dans l'avenir, la défense sous-marine des ports et des côtes, surtout la tactique des combats navals, l'occupèrent plus que jamais.

Dans ses lettres datées du Gabon et de Montévidéo, on trouve cependant, sous forme de boutades humoristiques, les renseignements les plus exacts sur l'état de nos colonies de l'Afri-

(1) Lettre de février 1875. A M. Larminat.

que occidentale, sur la portée des entreprises commerciales que la France y protège, et sur les mœurs des populations indigènes.

Où prendre une idée plus précise que dans la description ci-jointe des immenses tueries de bœufs, qu'on voit seulement à l'Uruguay et à la Plata?

« Montévidéo, 8 *juin* 1879... Des colonnes de 1,500 à 2,000 bœufs sont amenés des pâturages éloignés qui les ont nourris jusqu'aux *saladeros*, qui sont tous situés sur les bords de la Plata. On appelle ainsi les vastes établissements de tuerie, de dépéçage et de salaison des viandes. Nous en avons visité un dans le plus grand détail.

C'est curieux pour la rapidité du fonctionnement. 3,000 bœufs entrent, un matin, dans les parcs, et leurs 3,000 peaux sèchent le soir, sur les pieux des mêmes parcs. Voici à peu près la manœuvre: on fait entrer successivement des détachements de 200 têtes dans une petite cour triangulaire bornée de murs hauts et épais. A

l'un des sommets du triangle est une forte porte
de chêne sous laquelle on passe un petit chariot
roulant sur des rails. Par un trou de la porte
est passé un *lasso*, dont un bout est attelé à
deux mules, tandis que le nœud coulant est à
l'extrémité de l'intérieur. Un homme posté sur
le mur d'enceinte lance ce nœud au hasard sur
la forêt de longues cornes qui surmonte le troupeau, et crie: « Marche ». Les mules partent au
galop, et le malheureux accroché bousculant ses
camarades vient faire tête contre la porte. Un
homme placé au-dessus lui enfonce un petit
couteau dans la nuque, la porte se soulève, le
petit chariot part traîné par une mule, et dé-
pose la bête sur la dalle où on la découpe. »

Voici maintenant le budget et le cérémonial
de leurs Majestés nègres du Gabon : « Libreville,
22 *juillet* 1879. — Tous les potentats noirs de
la côte sont ruinés depuis l'abolition de la traite.
Les dix-sept rois qu'englobent nos possessions
reçoivent chacun pour vivre une pension du

gouvernement. La plus forte est de 800 francs, la moindre de 20 francs! Elles varient suivant le dégré de satisfaction qu'ils donnent au commandant du Gabon, qui est un capitaine de frégate. Quand ces rois ont appris que le commandant avait envoyé à bord de la frégate les cadeaux dont l'usage attribue la distribution à l'amiral et qui consistent en pagnes de couleur, en bouteilles d'eau-de-vie, en carottes de tabac... ils ont tous rallié à la distribution. On les voit venir de terre dans des pirogues parées de deux pavillons français et pagayées par dix nègres, sans compter une musique à faire hurler les poissons. Ils sont tous en grande tenue, qui avec un chapeau de cocher, qui avec une casquette d'amiral; l'un d'eux possède un tuyau de poêle bleu céleste qu'il a dû avoir de la peine à se procurer. Nous voyons défiler une redingote d'amiral, un habit de sous-préfet, mais l'usage du pantalon est dédaigné et il est remplacé, avec un avantage énorme au point de

vue pittoresque, par le pagne aux couleurs
éclatantes (1). J'ai eu l'imprudence de faire, au
carré, l'aquarelle du premier, de sorte que me
voilà surchargé de commandes et chargé par le
commandant de les grouper tous sur une pan-
carte qu'on doit faire lithographier. Depuis la
suppression de notre habit de petite tenue,
j'avais soigneusement gardé le mien pour semblable occurrence ; il en résulte que j'ai aujour-
d'hui l'orgueil de voir à mes pieds sept rois, à
qui je viens même de faire condamner ma porte,
pour écrire en paix. Ces malheureux n'ayant
pas encore rencontré pareille aubaine en sont ré-
duits à porter des redingotes de civil. Aussi c'est
une concurrence enragée. Je suis en affaire avec
le plus huppé ; mais j'exige deux belles peaux de
léopard, deux dents d'hippopotame, et un crâne
de gorille adulte orné de toutes ses dents. Il
s'est engagé à me fournir tout cela, mais il ne

(1) Le pagne est une étoffe faite d'écorce de palmier.

pouvait se décider à quitter ce cher habit que je lui avais fait essayer ; il tenait à l'emporter sur parole pour se faire voir à ses femmes dans cet appareil séduisant. Quoique monarchiste, il m'est impossible d'accorder à sa dynastie un semblable témoignage de confiance. J'ai été impitoyable (1). »

Au Congo et au Gabon, la chasse à l'éléphant n'est pas une course héroïque à travers le désert ; les procédés sentent mieux l'indolence et la perfidie des noirs : « A l'Est de la colonie, les Pahounis sont un peuple ivrogne, cannibale et grand chasseurs d'éléphants. Dès qu'un troupeau lui est signalé, ils se réunissent par centaines, et le cernent à grands renforts de tam-tam de guerre, pour le masser dans un bois très fourré. Puis, tous armés de petites haches, grandes comme un couteau, s'attaquent aux arbres et en font autour des éléphants un

(1) A M. Larminat.

abattis inextricable. Comme ceux-ci ne peuvent se passer d'eau, au bout de deux jours, on leur glisse par un interstice des pirogues remplies d'eau empoisonnée, et tout le troupeau, y compris les mères et les petits, y passe. »

Des spectacles d'un intérêt plus relevé devaient attirer l'attention de l'escadre sur toute cette côte du Gabon où les établissements français abondent, mais végètent. Sans tomber dans le dénigrement, J. de Larminat voit sur place les fautes de notre politique coloniale; il ne partage pas la frénésie qui, sous prétexte d'honneur national et de revanche, réclame, tous les jours, sous tous les cieux, des colonies nouvelles. « L'essentiel, écrit-il, n'est pas de fonder, c'est de faire prospérer. Si notre tempérament est colonisateur, notre mode de faire ne l'est pas.

Autrefois l'administration ne venait imposer ses charges aux colons que quand ils se trouvaient en quantité suffisante pour en sentir le besoin ou exciter les appétits de l'État. Maintenant, pour fonder une colonie, on commence par l'administration qui effraie les colons par les exigences multiples et bizarres qui distinguent la nôtre. Au reste, l'espoir qui faisait les colons étant tout au futur, et souvent à un futur éloigné, on ne saurait en faire à cette époque, en France du moins, où la hâte de toutes les jouissances matérielles tue la foi, l'épargne, le patriotisme. — Le Gabon est une colonie fondée en 1843 à coups de canon et à coups de traités (avec des noirs, il est vrai, dont les rois sont tout nus et sont ivres-morts presque en permanence). Son port, qui est l'estuaire de deux fleuves navigables de grande longueur, est *le seul* de toute la côte occidentale de l'Afrique. Le gouvernement y entretient un personnel de quarante-cinq Européens et d'une soixantaine de tirailleurs sénégaliens... Je ne dois pas oublier les missions catholiques des Pères de Saint-Esprit, avec Monseigneur Leberre à la tête, qui y font des prodiges de dévouement et ont déjà obtenu de sérieux résultats. Mais en face de cela, je trouve des maisons de commerce considérables allemandes, anglaises, américaines, et deux missions protestantes trop bien achalandées (1). » J. de Larminat voulut se rendre compte par lui-même des ressources actuelles de la colonie et des espérances qu'elle offre pour l'avenir. Monté sur la canonnière qui, tous les six mois, longe nos possessions pour s'enquérir du sort des douaniers et remonte les rivières donnant accès dans les terres, il visita tous les comptoirs et les factoreries de la côte ; et après avoir recueilli sur place des observations de tous genres qui justifient l'attrait exercé de tout temps sur l'esprit de nos amiraux par l'occupation des côtes de Bénin et du Gabon, il conclut en termes précis que l'absence d'un plan éclairé suivi avec fidélité, est la seule cause qui laisse infructueuse les richesses du

(1) Lettre du 22 juillet, à un ami.

pays et y compromet les intérêts de la France (1) ;
il s'étonne que « dans une colonie, qui possède
pour les croiseurs la seule rade où ils sont en
sûreté, et peut offrir une base d'opération excellente à tout essai tenté pour mettre la mer en
communication avec le bassin du Congo, on
n'ait encore rien fait pour mettre à profit de
pareils avantages » (1).

On sait que peu après la campagne de *la Vénus*, M. de Brazza, qui avait été camarade
d'école de J. de Larminat, tentait avec succès
de remonter le Congo, par le nord, en partant
de nos possessions. C'était reprendre, au profit de la France, l'œuvre hardie, réalisée au
sud par Stanley, au prix de combats sanglants
et d'énormes sacrifices d'argent.

Mais malgré les immenses agrandissements
de territoire qui ont été la suite des explora-

---

(1) Ces conclusions ne sont-elles pas celles que présentaient
aussi les derniers rapports de l'amiral Grivel ? (c. f. *Le contre-
amiral Grivel,* par Félix Julien, —Plon.)

6

tions de M. de Brazza, agrandissements auxquels le récent traité avec l'État du Congo ajoute
peut-être 100,000 kilomètres carrés, « le pays
annexé par nous ne l'est guère que de nom,
et son commerce extérieur, annoncé d'avance
comme une source de richesses pour les trai-
tants français est resté nul comme aux premiers jours... L'annexion réelle et la mise en
œuvre du pays seront l'œuvre du temps (1). »

A Montévidéo, J. de Larminat quitta l'escadre pour rentrer en France, et passer sur
l'*Oriflamme*, école des pilotes du littoral Ouest.
C'est là qu'il fut nommé, au mois de mai 1881,
lieutenant de vaisseau au choix. Au mois d'octobre suivant, il acceptait, pour se reposer de
ses fatigues et pour retrouver la vie de famille,
le poste de secrétaire de la défense sous-
marine du port de Brest. Le séjour dans cette
ville devait être de deux ans, qui furent em-

(1) *Nouvelle Géographie universelle*, t. XIII. *L'Afrique méridionale*, ch. iv. Congo, p. 269.—1888.

ployés surtout à compléter les études techniques dont nous avons déjà parlé.

Qui ne sait que partout, depuis les transformations successives qui ont substitué le cuirassé au vaisseau de ligne, remplacé l'étrave par l'éperon, et la batterie flottante par le bélier armé de canons *monstres*, on cherche à arrêter le type véritable du vaisseau de combat ? Les questions techniques de ce genre sont à l'ordre du jour des travaux de l'amirauté chez toutes les nations maritimes de l'Europe, mais nulle part plus qu'en France, depuis dix-sept ans, les ardeurs studieuses n'ont été aiguillonnées par le patriotisme.

Dès avant sa nomination de lieutenant de vaisseau, J. de Larminat n'était pas resté étranger à ce mouvement d'études, qui allait bien à son esprit actif, toujours en quête d'observations méthodiques et de recherches. Il ne devait pas s'en laisser distraire jusqu'à sa mort. — Après avoir d'abord essayé d'une vaste théorie d'ensemble sur la construction des navires de guerre, il avait vite reconnu la nécessité de subdiviser son travail et de concentrer successivement ses observations sur quelques points précis qu'il traita à fond, en aboutissant toujours à des conclusions bien mises en lumière. Trois fois, ses mémoires furent l'objet de distinctions honorifiques.

L'essai sur la tactique navale ou *Étude sur les combats à l'éperon*, envoyé au Ministère à la fin de 1878, attirait à son auteur, de la part de la commission centrale chargée d'examiner les travaux des officiers, un témoignage de satisfaction ainsi motivé : « M. de Larminat a eu pour but, dans le travail soumis à la commission, de donner des indications qui puissent guider les capitaines des béliers dans les manœuvres à faire, soit pour donner le choc par l'éperon, soit pour l'éviter, soit dans la lutte de deux béliers semblables, soit dans la lutte entre un bélier à hélices jumelles et un navire à hé-

lice unique. Le travail présenté par M. de Larminat prouve que cet officier a étudié avec beaucoup de soin et d'intelligence le parti que l'on
peut tirer de l'éperon dans les combats singu-
liers de béliers... La commission a exprimé
l'avis qu'il y a lieu d'adresser un témoignage de
satisfaction à M. de Larminat. »

Deux ans après, le même travail, soumis à
un nouvel examen plus approfondi, emportait
des honneurs plus éclatants. Sur la proposition
de M. le vice-amiral Jurien de la Gravière, l'é-
tude sur les combats à l'éperon était insérée
dans la *Revue maritime et coloniale*. Très
remarquée non seulement en France, mais au
delà de la Manche et du Rhin, et traduite en
plusieurs langues étrangères, elle fut récom-
pensée par une médaille d'or, avec cette lettre
flatteuse du ministre :

« Paris, 15 mai 1882.

« Monsieur,

» J'ai l'honneur de vous informer que, par décision du 3 de ce mois et conformément aux propositions de la commission académique chargée de me signaler les auteurs des meilleurs mémoires insérés, en 1882, dans la *Revue maritime et coloniale*, je vous ai décerné une médaille d'or pour votre travail intitulé : *Étude sur la tactique d'abordage.* Cette médaille vous sera transmise prochainement.

» Je vous adresse avec plaisir ce témoignage de ma satisfaction, dont bonne note sera prise à votre dossier.

» Recevez, etc.

» *Le Ministre,* JAURÉGUIBERRY. »

En 1884, moins d'un an avant sa mort, J. de Larminat recevait de nouvelles félicitations du ministre lui-même, en réponse à l'envoi d'un long travail : *Alignements et vues des côtes pour le pilotage des vapeurs.*

« 24 avril 1884.

» *Le ministre au vice-amiral préfet maritime.*

» Le comité hydrographique a émis le vœu qu'il n'y a pas lieu de faire de ce travail une publication spéciale, mais qu'on devra s'en servir pour compléter l'album des côtes nord de la France et le pilote des côtes ouest. Le comité s'est plu, en outre, à reconnaître le zèle et le talent artistique dont a fait preuve M. le lieutenant de vaisseau de Larminat. Je vous prie d'en informer cet officier, et de lui adresser en même temps mes félicitations.

» *Le Ministre,* PEYRON. »

Beaucoup d'autres mémoires restés dans les cartons de l'auteur, ou communiqués seulement à un cercle restreint de collaborateurs et de chefs immédiats, témoignent de la compétence étendue et de l'énergie qui, par delà les devoirs obligés du service, suffisaient à tant d'œuvres toutes personnelles (1).

On le voit par le seul énoncé des titres : outre leur utilité pratique immédiate, presque tous les travaux de l'état-major de la marine visent surtout la guerre et ne peuvent tirer que de l'expérience de la guerre le contrôle qui les fera apprécier à leur valeur. Aussi, au mois de juillet 1882, à la nouvelle des événements d'Égypte qui rendaient probable une intervention armée de la France, J. de Larminat demanda à être envoyé sur le théâtre des opérations.

L'intervention n'eut pas lieu, et la révolution militaire tentée par Arabi-Pacha tourna au seul

(1) Il faut particulièrement citer un travail très complet sur : *Le nouveau mode d'éclairage des navires à la mer.*

profit de l'Angleterre. Cependant les troubles de l'Égypte rendirent nécessaire l'envoi de nouveaux navires dans les eaux du Levant, et J. de Larminat y fut subitement appelé.

VI

CAMPAGNE DU LEVANT SUR L'*Infernet*.
JUILLET 1882 A FÉVRIER 1884

« Beyrouth, *15 Septembre 1882.* — Mon très cher ami; tu te demandes par quelle rapide succession de faits je t'écris de Beyrouth, et je suis aujourd'hui au pied du Liban. Quoique je ne le sache pas trop moi-même, voici en trois mots. — A peu près à l'époque où il était question de l'intervention en Égypte, j'ai cherché à me ménager les bonnes grâces d'un capitaine de frégate qui pût me prendre pour second, lorsque l'époque d'un nouvel embarquement approcherait. Le hasard a voulu que, le lendemain même de ma lettre, le commandant Conneau eût un commandement, et, mes offres de service étant acceptées par dépêche, je me suis vu forcé d'abandonner, en moins de vingt-quatre heures, toute ma petite famille, pour aller presser, à Cherbourg, l'armement du croiseur l'*Infernet*, destiné d'abord à relier une escadre en formation à Brest. Cela m'allait assez ; mais on nous a expédiés à Toulon, et de là ici, en nous rattachant à la station navale du Levant, ce qui veut dire que me voici au large pour deux ans, moitié peiné, moitié satisfait de mon sort. Je suis commandant en second d'un très beau bateau filant quatorze nœuds, et qui avait toujours été commandé jusqu'ici par un capitaine de vaisseau, ayant pour second un capitaine de frégate. Tu vois que pour un jeune lieutenant de vaisseau c'est une position enviable. Mais que de tracas ! Je puis dire que, depuis le 5 juillet, je ne me suis reposé que

pour écrire les lettres les plus indispensables,
et le résultat acquis n'est pas encore des plus
merveilleux. Les hommes du bord sont si pâ-
teux et si mous qu'il faut se démener beaucoup
pour en tirer parti. Joins à cela le changement
brusque qui nous a tirés du pitoyable été de
Normandie pour nous plonger dans la fournaise
de Syrie, à la fin d'août. Depuis quinze jours que
je suis ici, je n'ai passé que deux heures à terre
et ma seule visite a été pour les jésuites, qui
m'ont fait les honneurs de leur magnifique collège, bientôt Université, avec tout l'empresse-
ment possible. Prie beaucoup pour moi ; en
exil, on en a encore plus besoin qu'ailleurs. »

De Beyrouth, l'*Infernet* fut envoyé dans les
eaux d'Alexandrette, au fond du golfe de Cili-
cie. C'est de là que partirent les vœux que
J. de Larminat adressa à tous les membres de
sa famille qu'il avait dû si précipitamment
quitter.

« Alexandrette de Syrie. — *11 décem*
bre 1882 (1). — Je suis obligé de m'y prendr
un peu à l'avance pour diriger vers la Franc
la gerbe de mes vœux de bonne année qui v
filer modestement dix nœuds à l'heure. Vou
en recevrez la première étincelle... — Je m'é
broue dans la vaste baie d'Alexandrette, en vu
du Taurus blanc de neige, dont l'incroyable pu
reté de l'atmosphère nous permet de compte
tous les sommets jusqu'à quatre-vingts lieues
La rade reflète les hautes montagnes d'Alexan
drette déjà couvertes de neige aussi. Le sit
en somme, est enchanteur ; nous y voilà pou
jusqu'à la fin de mars, occupés à la chasse per
dant nos loisirs, et à l'instruction de notr
monde pendant les neuf dixièmes du temps... J
fais actuellement un métier fatigant et m
fait pour mon humeur remuante et excursion
niste. J'y mets naturellement tout mon zèl
mais j'ai dû faire changer deux rouages suba

(1) Lettre à M. L. de Larminat, à Moulins (Allier).

ternes importants ; au début d'un armement, ce sont des lacunes dont on se ressent longtemps, et je suis obligé de faire moi-même, en les suppléant, un service au-déssous de ma situation... La perle des seconds serait celui qui n'aurait pas d'idées ; malheureusement on sait dans quoi se trouvent les perles, et j'aime presque autant ne pas en être. »

« Alexandrette de Syrie. (1) — *1er février 1883*. — Je lutte toujours avec courage contre une situation pleine de difficultés et de tristesses. J'aimerais mieux avoir moins de zèle et d'amour-propre pour mon métier, je souffrirais moins de l'impuissance où je suis de faire rendre à mon bateau tout ce qu'il devrait pouvoir donner. On a tenu à réduire dans la marine le temps de service, comme pour l'armée, ce qui est regrettable dans un corps où l'on apprend toujours, et où

(1) Lettre à un ami.

il faut apprendre jusqu'à la dernière minute du temps qu'on y passe. L'instruction professionnelle y est si longue à acquérir, que nos matelots passent aux écoles les deux tiers de leur temps de service. Je parle des matelots sérieux. Quand on nous les embarque, il n'ont plus qu'un an à faire et se moquent du service, n'aspirant plus qu'après leur congé. Les autres sont des propres-à-rien qui n'ont pour instructeurs que les premiers. Tu vois bien comme tout cela est propre à manier. Nous avons un tiers de notre équipage déjà congédiable. Tu peux juger de leur bonne volonté en attendant leurs remplaçants. Il n'y a de complètement bons que les hommes qui veulent faire de la marine leur carrière; il y en a treize en tout à bord. Pour obtenir de ces éléments la même activité et la même discipline qu'autrefois, il faut une poigne de fer. Or, c'est à moi de veiller et de lutter pour la bonne organisation du bateau. Je suis absurde, mon cher ami, de t'entretenir de toutes ces choses, qui n'ont pour toi qu'un intérêt par réflexion ; mais tout cela était surtout pour m'excuser de n'avoir pas, au milieu de mes occupations et préoccupations multiples, fatigué plus souvent ma planchette à écrire... J'ajoute que je supporte mes ennuis avec patience et courage, sachant dès longtemps que nous ne sommes pas en ce monde pour nous amuser. Quel métier d'ailleurs n'a pas de croix ? — Malgré tout, je reste fanatique du mien, qui est fait pour rendre au pays de grands services.

En Orient, j'ai trouvé partout des prêtres catholiques, objet de la part des Turcs d'une tolérance parfaite. Peu de prêtres français ; sauf à Beyrouth, tout le clergé latin oriental est italien. — Ici, nous envoyons carrément nos hommes à la messe le dimanche, et ils y vont en assez grand nombre. J'entends le sifflet du paquebot qui doit porter cette lettre à Marseille... »

« Le Pirée, *septembre 1883.* — Ta longue et bonne lettre m'arrive au Pirée, où l'*Infernet*, après un petit échange, postérieur, je crois, à ma dernière lettre, et dont nous avons réparé les suites au bassin d'Alexandrie, est venu abriter sa fortune pour un laps de temps indéterminé. Je ne te répéterai pas les difficultés de ma situation, étant donnée la manière dont je comprends les devoirs du commandement. Nos règlements placent constamment l'officier qui commande à côté du matelot, pour le diriger et le former. Tout va bien quand le matelot a la docilité ; l'attachement réciproque des hommes et des officiers ne manque pas de se fortifier alors dans cette vie commune, au milieu d'un espace aussi restreint. Mais on souffre, quand il est impossible de donner à ses hommes le vrai esprit de corps, c'est-à-dire l'instinct, et même l'orgueil du travail.

Je crois, comme toi, qu'il faut chercher dans la prière et dans l'abandon à Dieu le calme du

cœur et de la conscience qu'on trouve si rarement chez les hommes de ce siècle. Mais, je
suis si dénué de ressources religieuses! Pour
moi, presque jamais de messes : Je fais le quart,
tous les jours, de quatre à huit heures du matin, et ce ne sont point ici de grandes villes où
l'on dit des messes basses, le dimanche, jusqu'à dix heures. Au reste, inspection à huit
heures et demie, manœuvre à neuf heures et
déjeuner à dix heures. Tout cela ne me laisserait
pas de répit. Pardon d'entrer dans tous ces détails. — Je me confesse de temps à autre; il
m'est presque impossible de communier, malgré
mon désir. En Égypte et à la côte de Syrie, il
y a des religieux presque partout ; ici, rien. On
a beau avoir gardé intacte toute la foi de son
enfance, on finit par sentir l'influence de cette
pénurie de secours religieux, et une indifférence
involontaire s'ensuit. Je réagis, mais il n'y a
même pas moyen de faire une bonne lecture. Je
n'ai jamais cinq minutes à moi, et ceci, mon

cher Joseph, est *littéral*. Dans la dernière page, on m'a interrompu cinq fois ! Comment suivre une idée ? Et, le soir, je tombe accablé en sortant de table, et quand je fais ma prière, je ne la fais jamais jusqu'au bout. Quand je rentrerai en France, quelques jours de retraite me feront du bien (1). »

Assurément elles ne sont pas d'une âme vulgaire, ces confidences si simples où, avec l'accent authentique d'un mérite qui s'ignore, ce jeune officier, chargé pour la première fois des responsabilités d'un commandement difficile, se reproche de trop ressentir l'amour de son métier, et de ne pas assez chercher en Dieu, par la prière, le remède aux contrariétés qui l'assaillent.

A partir du commandement sur l'*Infernet*, qui mettait en relief des qualités supérieures,

(1) Lettre à un ami.

J. de Larminat fut définitivement classé hors ligne, sachant dominer tous les détails du service, homme d'autorité et de présence d'esprit, mûr pour les responsabilités glorieuses, « et proposé pour la croix, après l'inspection de l'amiral », un an plus tôt qu'il ne s'y attendait (1). Cette première proposition n'avait encore d'autre effet que d'obliger moralement tous les chefs successifs de J. de Larminat à la renouveler. A moins d'action d'éclat, on n'est décoré, dans la marine, qu'après plusieurs propositions motivées.

Pour aller chercher à terre les sacrements, le second de l'*Infernet* dut forcer plusieurs fois les laisser-passer du service. Encore les offices arabes, la solennité et le recueillement de la messe elle-même, laissaient-ils beaucoup à désirer en Syrie pour un Français, qui n'avait cependant pas d'autres ressources.

(1) Lettre du 25 octobre à M. de Larminat.

7.

« Je vous envie vos sermons, écrivait Joseph
à madame de Larminat, car, depuis que je ne
vais plus à la grand'messe pour ne pas quitter
le bord en même temps que le commandant, j'ai
une messe et un prêche en arabe, à huit heures
du matin. Comme il n'y a ni sonnette, ni
Dominus vobiscum, ni génuflexion, on ne sait
pas où on en est, et puis, cela se passe à la
bonne arabette. Quand quelqu'un est pris d'un
accès de ferveur, il se met à chanter une oraison
sur le module traînard et nasillard du cru, sans
que personne s'en étonne. Ça n'est pas com-
mode pour suivre. A Beyrouth, nous allons retrouver les jésuites français (1). »

Durant ce voyage en Orient, J. de Larminat
ne pouvait oublier qu'il était à proximité de la
ville du Calvaire. Il avait soif d'y ranimer sa
foi, et les lettres de sa famille le pressaient de
s'y rendre. Leurs communs désirs furent satis-

(1) Lettre d'Alexandrette, 24 février 1873.

faits, et, pendant que l'*Infernet* montrait le pavillon de la France dans les eaux de Caïpha et sur la côte, trois officiers, le commandant en second à leur tête, allaient à Jérusalem, vers l'époque des cérémonies de la semaine sainte, porter au consul français l'appui moral de leur présence :

» Caïpha, *1er mai 1883*. — J'ai fait le voyage avec deux compagnons agréables, le médecin-major et un enseigne de vaisseau ; l'un et l'autre étaient là en touristes. Ce n'est pas à trois qu'il faudrait parcourir ces stations imposantes pour y puiser les impressions profondes qu'on garde après cela toute la vie. On est pressé, bousculé, d'ailleurs nous n'avions que le temps de donner à chaque endroit un coup d'œil. J'ai pu m'échapper, deux matins, de très bonne heure, et commencer mon pèlerinage, en communiant sur le calvaire, à quelques mètres du trou où fut plantée la croix, et où les prières

doivent bien compter double. Nous avons eu,
du reste, la malchance extraordinaire de tomber
à la fin de la cène grecque, et d'y trouver, pour
semaine sainte, une foule malpropre de Grecs,
de Russes, de Coptes, de schismatiques de
toute confession, auxquels le Saint-Sépulcre
est, pour ainsi dire, abandonné en ces jours.
Ceux qui sont venus de loin couchent en famille, y mangent et y chantent; pour un rien,
on y fumerait. Les prêtres grecs sont adossés
au Saint-Sépulcre, et lisent le journal dans la
basilique même. Impossible d'avoir le moindre
recueillement au milieu de ces barbares. Donc,
deux regrets : d'abord, celui d'avoir fait un
voyage à Pâque schismatique, et de ne l'avoir
pas fait seul, ou en famille. » En qualité de re-
présentant de la France, le second de l'*Infernet*
occupait la première place dans la loge du consul,
pour assister dans le Saint-Sépulcre à la cérémonie, ou plutôt au hideux spectacle du feu
nouveau des Grecs : « Quarante-huit heures à

l'avance, les schismatiques, dont beaucoup ont fait à *pied* le pèlerinage de Russie, d'Arménie, du Danube, jusqu'à Jérusalem, sont admis à loger dans l'église. Le matin du feu nouveau on commence à se presser contre le Saint-Sépulcre, d'où les patriarches grecs et arméniens passeront au peuple le feu reçu du ciel ; il y a dans la muraille deux trous percés à cet effet. Ce sont des cris, des danses, des hurlements frénétiques, pour appeler le feu, qui ne viendrait pas sans cela. Au moment de la sortie, c'est une bataille horrible, chacun ayant un paquet de cierges, et les premiers allumés ayant des faveurs spéciales. Le sang coule ordinairement ; pour notre part, nous avons vu la bataille entre un évêque arménien et un évêque grec. Ils s'arrachèrent la barbe, et le chef de la police, un Turc, les a séparés à coups de bâton. C'est absolument écœurant. » — Comme spécimen des difficultés toujours près de se changer en conflit armé, il suffit de savoir que le ba-

layage de quatre marches de la grotte de Bé-
thléem peut devenir un petit *casus belli*, et
donner lieu à des acrimonies consulaires. De
ces quatre marches de la grotte, les catholiques
et les Grecs peuvent en balayer chacun une, et
les Arméniens russes deux, sans qu'il soit permis d'empiéter sur le service de propreté rival.
« Nul n'a le droit de toucher au matériel, même
pour le réparer : la pose d'un clou, le nettoyage
d'une colonne, la remise d'un carreau, impli-
quant la propriété de l'objet, ce seraient des
conflits à n'en plus finir. Je tiens ces détails du
consul français, homme fort religieux, et qui
me les a donnés officiellement pour le commandant. »

Deux autres fois encore, après l'excursion à
Jérusalem, il fallut passer à l'ambassade et recevoir officiellement des honneurs : à Marsivan,
en Caramanie ; puis, dans les montagnes du
Liban maronite. «... On m'a reçu récemment

dans un village du Liban où j'avais été me
promener en voiture, et où j'avais été annoncé
par dépêche, absolument comme un agent di-
plomatique. J'ai donné audience à la Sublime-
Porte, à un tas de cheiks et d'émirs chrétiens,
accourus des bourgs voisins. Il m'a fallu leur
parler trois heures durant par interprète, dans
le langage le plus oriental, et enfin, horreur !
faire un dîner arabe de je ne sais combien de
service et de couverts, portant les toasts les
plus compromettants. Deux enseignes m'avaient
accompagné et me servaient d'escorte. Tout le
village nous a reconduits, et d'aucuns traî-
naient la voiture, en se laissant aider par les
chevaux. Nous avons bien ri une fois tout seuls,
mais il nous en est resté la sérieuse impression
d'un véritable enthousiasme pour la France. »
— Le protectorat des catholiques de Syrie et
spécialement des Maronites est tout ce qui nous
reste de l'influence sans rivale que donnait à la
France cette magnifique colonie, connue sous le

nom d'Échelles du Levant. De 1536 à la fin du siècle dernier, l'empire latin d'Orient avait été renouvelé, en quelque sorte, au profit exclusif de la France, sous la forme de quatre-vingts maisons de commerce répandues d'Alep à Tunis, de Constantinople à Alexandrie, et entraînait pour nous le protectorat de tous les établissements religieux de la Terre-Sainte et de tous les chrétiens indigènes eux-mêmes. Si notre marine militaire n'a plus à défendre le monopole dont jouissait le commerce français dans les Échelles du Levant, elle a mission de sauvegarder encore dans tout l'Orient la liberté religieuse et les droits des populations catholiques, que leur foi suffit à faire nos clientes.

Ce n'est pas seulement dans les lettres de J. de Larminat qu'on peut chercher le récit détaillé de la campagne du Levant, avec le commentaire explicatif des impressions que chaque ville, chaque site de l'itinéraire éveille. Le *Journal* tout entier nous reste avec les cartes, levés de plans, vues des côtes, dessins de tout genre et de toute dimension, qui en illustrent presque chaque page.

C'est comme une exposition ou un musée artistique complet de la partie de l'Orient que l'*Infernet* a visitée. Toutes les villes importantes, presque toutes les relâches, tous les sites de la mer Rouge et de l'Archipel y sont reproduits, souvent sous deux perspectives différentes : Hodéidah, steamer-point d'Aden, Alexandrette, Famagouste, les murailles romaines de Laodicée, etc., etc. Les grands navires eux-mêmes qui passent à l'horizon, *le Oxus*, *le Calédonien*,... sont à peine dans le champ de vue de la lunette qu'une esquisse rapide a dessiné leur longue quille, leurs ponts étagés, et le magnifique édifice de la voilure qui les surmonte. Les types divers de l'Orient, pris d'après nature, esclaves grecs, marchands arabes et arméniens, marabouts et soldats turcs, popes grecs,... même les grands poissons de mer harponnés pendant la traversée, défilent tour à tour à travers les feuillets de l'album, tantôt avec les couleurs de la sépia ou du pastel, tantôt sous les teintes plus pâles du crayon.

Et dans la rédaction même des notes, quel contraste entre le Journal de bord des premières campagnes, et celui de l'*Infernet!* En 1873, dans les eaux de la mer Rouge, où l'on voit, d'un côté, Hodeidah et Camaran, de l'autre, Souakim et Massouah, l'aspirant ne pouvait trouver encore les vues originales et clairvoyantes du marin formé. Aussi les notes sont succinctes; simples constatations matérielles, que les montres et les livres du bord suffisent presque à fournir (1). — Sur l'*Infer-*

(1) « 18 *mai* 1873. — Faible brise au N.-O. — Tournant au N.-E. pendant la nuit. Stoppé à 3,50° et à 5,30° pour démonter et remonter la pompe d'arrière qui ne fonctionne plus, les crépines étant engorgées par la poussière du charbon. — Établi la voilure pendant la nuit; ciel très clair. — Vu un bolide très brillant à une heure.

19 *mai* 1873. — Bon temps, mais le courant fait prévoir des vents du nord — mer belle — grande humidité à l'aurore —

net, en 1883, il n'en va plus de la sorte. Les renseignements recueillis sont contrôlés, développés, par des observations toutes personnelles ; rien n'échappe de ce qui intéresse la science complexe de la navigation ; l'hydrographe, le naturaliste, secondés par l'artiste, interviennent. Sous les titres : INTÉRIEUR : *Service régulier, incidents et alertes du bord.* — EXTÉRIEUR : *Vents courants, eaux du pays, ressources, géologie, communications, commerce, description du port et de la ville* — se déversent après les observations scientifiques, économiques, politiques, etc., les réflexions de haute portée qui en découlent. Chaque jour, quelques lignes, chef-d'œuvre de lucidité rapide, de saveur littéraire, sont consacrées à remplir ce cadre. Un seul extrait suffira pour en faire juger.

stoppé deux fois pour sonder, dans l'après-midi : Filé 180 m et 140 m. de ligne — Pas de fond. »

(Extrait du journal de J. de Larminat sur *la Clorinde*, 1873).

« Hodeidah, vu du mouillage de l'*Infernet*.
7 décembre 1883. — N'ayant communiqué
avec Hodeidah qu'en quarantaine, nous n'a-
vons eu que peu de renseignements. La ville
paraît assez bien bâtie pour une ville arabe,
elle a une belle mosquée et est entourée de
jardins peu touffus, dans lesquels poussent
quelques palmiers. La vue ci-jointe a été faite
à la longue-vue. Les pirogues du pays m'ont
paru remarquables. (*Ci-joint encore un dessin
colorié des pirogues*.) Elles sont profondes,
et très élancées en pointe aux extrémités. On
les leste beaucoup. Une grande voile unique
sert à les manœuvrer ; leur gouvernail est
très remarquable ; il est relié à l'étambot
fuyant de l'arrière par des liens en forme
de rotin, et se manœuvre avec des tire-
veilles fixées, non pas sur une barre, à la
tête, mais sur une queue clouée sur le gouvernail et donnant le bras de levier nécessaire. —
Un grand banc de dorades trouble la surface

de l'eau à l'approche du mouillage. Il faut noter en passant que, contrairement à celles de presque toute la mer Rouge, les eaux d'Hadeidah, d'une coloration vert-olive, sont presque absolument sans transparence, et que l'œil ne peut donner aucune indication pour les bancs de corail, la couleur étant uniforme. »

L'*Infernet* allait se diriger sur Obock, où les commandants Conneau et de Lagarde devaient faire la délimitation de la nouvelle colonie, et y abattre le drapeau égyptien planté au mépris de nos droits, lorsqu'une nouvelle imprévue força J. de Larminat à rentrer précipitamment en France, quatre mois avant les deux ans de campagne révolus.

Plusieurs fois déjà, pour amortir la soudaineté d'un coup trop douloureux, on lui avait fait entendre, en termes voilés, que la santé de sa femme était ébranlée et que l'amélioration souhaitée n'arrivait pas. Au commencement de février 1884, on dut lui faire savoir l'affreuse réalité. Madame J. de Larminat, atteinte d'une grave maladie de poitrine, avait été transportée sous le ciel de la Provence, et il restait peu d'espoir de la sauver. Son mari demanda sur-le-champ et obtint un congé de convalescence de trois mois, à passer auprès d'elle. Puis, à l'expiration du congé, n'ayant pu se faire attacher au port de Toulon, et profitant d'une amélioration apparente dans l'état de sa chère malade, il se résolut à faire avec elle le voyage de Brest qu'elle supporta sans crise. « Hélas, écrivait-il le 1er juin, je n'ai trouvé ici que la satisfaction de la voir languir chez elle, avec la certitude que, cette fois, c'est bien la dernière étape. Elle a manifesté une vague joie en revoyant ses pénates ; mais elle ne mange presque plus et la maigreur est effrayante. Tu vois que dans une situation dont l'avenir absorbe en angoisses douloureuses toutes les tristesses du présent tes prières et ton amitié ne seront pas de trop.

Moi-même je ne vais pas bien... au reste, à la grâce de Dieu (1). »

A la fin de juin, madame J. de Larminat avait cessé de languir. Dieu lui avait donné l'immortelle guérison.

La stupeur de ce grand deuil et l'explosion de douleur qui y succéda durèrent pour J. de Larminat plusieurs jours. Mais dès qu'il se fut éloigné de ces lieux pleins d'images funèbres où des années de bonheur s'étaient écoulées pour lui auprès de celle qui venait d'y achever sa longue agonie, la force calme et la résignation chrétienne reprirent le dessus. En retrouvant à Beaurieux ses trois chers enfants adoptés par sa famille, il ne songea plus qu'au devoir sacré qui lui restait : « Mes parents ont pris la charge de mes enfants, écrivait-il. Mes sœurs leur serviront de mère ; quant à moi, je vais continuer pour eux à travailler et à courir les mers, mal en train au physique et brisé au moral. Je comp-

(1) Lettre à un ami.

tais sur le poste d'officier d'ordonnance de l'amiral Duperré, à l'escadre d'évolutions ; mais son prédécesseur est prolongé d'un an, ce qui ne me laisse plus guère que la chance d'aller en Nouvelle-Calédonie ».

Quinze jours plus tard, J. de Larminat était désigné, non pour la Nouvelle-Calédonie, mais pour le Tonkin et la Chine, et attaché à l'état-major du *Nielly*, grand croiseur de première classe portant 15 canons et 268 hommes d'équipage, sous les ordres de M. le commandant Dorlodot des Essarts.

Plusieurs semaines furent consacrées aux approvisionnements de toute sorte et à l'armement complet du navire. Enfin, le 12 septembre, tout était prêt pour le départ, et J. de Larminat envoyait ce mot d'adieu :

« Je suis plein de courage ; je le puise aux bonnes sources, et après une douloureuse période de prostration, je me sens revivre peu à peu, grâce aux prières. J'ai dit adieu à mes enfants et à mes parents, le 20 août ; depuis le 22, je suis embarqué pour la Chine, et je pars demain, heureux de me dérober au théâtre d'événements dont le souvenir me faisait positivement beaucoup de mal, même après deux mois d'absence. Je n'ai pas besoin de demander plus que jamais des prières ; c'est une nouvelle vie que je commence. C'est moi qui ai demandé à commander la compagnie de débarquement du *Nielly* ; en somme, je suis chargé du service militaire, et cela va m'occuper beaucoup. L'air de mer va provoquer, je l'espère, une salutaire réaction et me rendra avec le sommeil les forces dont j'ai besoin. »

Le 14 septembre au soir, le *Nielly* appareillait pour le Tonkin, et perdait bientôt de vue les côtes de France que J. de Larminat ne devait plus revoir.

8

VII

CAMPAGNE DE CHINE SUR LE *Nielly*.

MALADIE ET MORT. 1884-1885.

Sur sa demande, nous l'avons vu, J. de Larminat avait été chargé de la compagnie de débarquement. Pendant toute la traversée, ses
efforts incessants eurent pour but de la mettre
en état de combattre. Il n'est pas de jour jusqu'à la fin de janvier où ne figure à son *Journal
de bord* quelque note comme celles-ci : Exercice de mousqueterie. — Branle-bas et postes
de combat. — Exercice au canon, au canon-
revolver. — Exercice de la compagnie de dé-

barquement pendant deux heures. Charges et feux. Mouvements de pied ferme. — « Je suis le moins pressé de tous d'arriver en Chine, écrivait-il le 20 septembre, parce que l'instruction de mes 115 hommes de débarquement — non compris le canon de campagne qui m'appartient aussi — exige au moins six semaines. L'école de compagnie, le service des armées en campagne, et d'autres bijoux officiels sont ma bibliothèque de chevet; il faut que, quand l'amiral Courbet montera à bord, il nous trouve prêts à figurer sans désavantage. Pour le moment, l'esprit à bord est tout à l'ardeur. »

Après les escales bien connues de la Méditerranée et du canal de Suez, la nouvelle colonie d'Obock, acquise, il est vrai, dès 1862, mais récemment délimitée et occupée par la France, devait attirer l'attention des officiers de la marine de l'Etat.

La prise de possession d'Obock était le résultat tardif du besoin de nous assurer une relâche militaire sur la nouvelle route qui, par le percement de l'isthme de Suez, conduit à nos colonies. Avec le génie pratique qui la distingue, l'Angleterre avait réalisé cette pensée plus tôt et plus avantageusement que nous par la conquête et par la mise en défense d'Aden et de Périm, dès 1861, c'est-à-dire huit ans avant l'ouverture du canal. Cet exemple devait être suivi si nous ne voulions pas perdre tout le bénéfice d'une œuvre due à l'initiative française. Dès 1862, un traité fut passé entre le gouvernement français et les chefs indigènes de la côte abyssinienne, en face de Périm, pour l'acquisition d'un territoire assez mal délimité et dont nos hydrographes n'avaient pas étudié les abords. L'état de paix et le faible mouvement de notre commerce maritime firent perdre de vue pendant plus de vingt ans l'utilité de cette possession, qui était si peu connue en 1870 que, lorsque la guerre avec l'Allemagne força la France à se priver du charbon d'Aden, réputé contrebande

8.

de guerre, ce fut à Pondichéry et à Mahé que furent formés à la hâte les dépôts de combustible pour lesquels Obock avait été choisi. C'est seulement à partir du 1er novembre 1884 qu'une Compagnie de commerce s'est engagée à entretenir sur la plage d'Obock un dépôt constant de trois mille tonnes de charbon au service de la marine française.

Aujourd'hui, l'avenir colonial d'Obock semble assuré ; et, sur les rivages de la mer Rouge, à côté de Zeïla, de Souakim, de Massouah et de tous les postes que se dispute la rivalité commerciale ou militaire des nations de l'Europe, un territoire d'au moins 2,000 kilomètres carrés est couvert par le drapeau de la France.

Cependant, parce que des récits fantaisistes ou complaisants à l'excès ont singulièrement exagéré l'importance d'Obock, il ne saurait être sans intérêt de lire le jugement que portait J. de Larminat, en 1884, sur les ressources et les avantages de notre nouvelle colonie.

« *Obock, 4 octobre.* — Lorsqu'on vient de la mer, Obock, ou plutôt le territoire d'Obock, se présente sous forme d'une plaine horizontale, peu élevée au-dessus du niveau de la mer, où elle se termine par une falaise à pic madréporique et de couleur claire. La tour Soleillet, construction blanchie à la chaux, carrée et assez élevée, est le point de reconnaissance de la situation ; elle est entourée d'un mur devant servir d'enceinte défensive au besoin, et enserrant dans un espace d'environ un hectare une sorte de caravansérail à la façon des khans de Turquie pour l'abri des caravanes et le dépôt des marchandises. Un peu à droite, et plus près du mouillage, s'élève la paillotte qui abrite provisoirement le commandant et les archives. Une trentaine de huttes en branchages forment la ville. L'établissement, dans son ensemble, paraît très rapproché de la plage, mais c'est un trompe-l'œil ; il faut, pour s'y rendre, traverser un terrain d'alluvion absolument plat de 1,200

mètres de large, composé d'une argile qui le
rend affreusement boueux après les pluies. Une
petite plage étroite de sable brun terreux borde
la rade. La mer découvre devant cette plage sur
une largeur de 270 mètres ; à droite et à gauche
de cette espèce de plateau de sable, le flot va
jusqu'aux falaises et les lèche encore à mer
basse. A une dizaine de milles, dans le fond,
s'élèvent en mamelons et en pics assez tour-
mentés et pittoresques les premiers contreforts
des montagnes d'Abyssinie ; ils reposent l'œil
de la triste uniformité du premier plan ; mais
cette région accidentée est déjà loin en arrière
de nos possessions.

Les ressources d'Obock sont actuellement
absolument nulles. On a beaucoup parlé de
l'eau douce qui s'y trouve, tandis qu'il n'en
existe presque nulle part ailleurs sur les côtes.
Cela est vrai, mais la quantité en est très faible, et aucun navire ne pourrait s'y approvisionner. J'ai été curieux de savoir de la bouche

même d'un des commerçants établis quel était, à son jugement, l'avenir d'Obock au point de vue commercial. Il a reconnu tout de suite qu'il n'y avait aucune exploitation à fonder sur place, aucun commerce possible avec l'intérieur, car les caravanes qui descendent actuellement du Choa, au fond du golfe, vers Zeïla et Tadjouna, ne se décideront jamais à franchir les montagnes qui séparent de l'intérieur la plaine d'Obock. — Au point de vue militaire, les mauvaises conditions de défense qu'offre cette colonie en feront toujours un abri et une ressource bien précaires. On demande quelques millions pour y mettre, en construisant une jetée, le dépôt de charbon à même de fonctionner commodément. Avec une moindre somme, on pourrait acheter, sur la route des Indes, soit au sud de l'Arabie, soit aux Laquedives, d'aussi bons mouillages, mieux disposés comme dépôts, et surtout partageant mieux la route entre Suez et Saïgon. »

A Colombo, au milieu d'une ville nouvelle, élégante, européenne, toute transforméée depuis 1875, J. de Larminat eut le regret de ne pas trouver la Mission Catholique où il voulait « se consoler et se fortifier, car on aime à sortir quelquefois de l'ordinaire moral d'un carré (1). » — A Saïgon, ses désirs purent se satisfaire. « Je profite de mon séjour à terre, écrivait-il, pour régulariser mon carnet spirituel, afin de faire mon devoir avec tout le *brio* que, à mon avis, les préparatifs chrétiens peuvent seuls inspirer (2). »

En Cochinchine, on était au confluent des nouvelles venues des différents théâtres de la guerre. J. de Larminat y apprit le bombardement de Fou-tchéou, et aussi le petit échec essuyé par les Français à la première attaque de Tamsui, où deux officiers de ses amis avaient trouvé la mort, M. Dehorter, tué d'une balle

_____

(1) Lettre du 14 octobre.
(2) Lettre du 23 octobre.

dans la poitrine, et M. Fontaine, blessé au pied, saisi et décapité avec trois des hommes qui l'emportaient. (En tout 24 tués et 44 blessés.) Les détails fournis par les témoins oculaires ne devaient pas affaiblir en lui la conviction qu'en Asie comme en Europe, dans les descentes à terre comme dans les batailles navales, la guerre ne s'improvise pas, et que le succès ne tient pas seulement à la bravoure, mais à la longue formation qui discipline solidement les troupes et les brise à toutes les manœuvres du combat. — « Il résulte des narrations de ceux qui étaient présents à l'attaque de Tam-sui, écrit-il, que les hommes des compagnies de débarquement se sont élancés en avant avec beaucoup d'entrain, il est vrai, mais sans méthode et sans prudence, entraînant beaucoup plutôt que suivant leurs officiers, engagés dans des broussailles où chaque tirailleur voyait à peine la ligne à dix pas de lui; ils ont rencontré les Chinois embusqués à vingt pas et ont subi un décharge meurtrière ; après quoi l'ennemi a battu en retraite, poursuivi par une fusillade si désordonnée, que les hommes munis au départ de cent vingt cartouches, n'en avaient plus au bout de trois quarts d'heure. Il n'y avait aucun dépôt où l'on pût s'approvisionner. Les communications étaient si mal liées avec le point de débarquement, que c'est entre la réserve et la portion des troupes engagées que le lieutenant de vaisseau Fontaine a été décapité ; on a retrouvé son corps en battant en retraite... Un officier commandant une partie de la réserve s'est vanté, dit-on, d'avoir tiré le premier coup de fusil, ce qui indiquerait un grand désarroi dans la manière dont l'action s'est engagée. Au demeurant, les Chinois se sont retirés, et c'est faute de munitions que le combat a été suspendu par le capitaine de frégate qui commandait le débarquement (1). »

(1) *Journal de bord*, à la date du 23 octobre.

Le 29 octobre arrivait à Saïgon une dépêche de l'amiral Courbet appelant sans retard le *Nielly* dans les eaux de Formose, en passant par Hong-kong, et le 3 novembre, le croiseur français entrait dans cette rade qui excita l'admiration de J. de Larminat.

« L'île de Hong-kong, séparée par un canal étroit de la Chine méridionale, forme avec celle-ci une des plus magnifiques rades du monde entier. La côte, en face de la ville, est extrêmement découpée et s'émiette vers le large en une quantité de petites îles couvertes de verdure, entre lesquelles circulent des chenaux calmes et profonds où l'on naviguerait en pleine sécurité sous la présence des innombrables pirates dont cette configuration même favorise les exploits, qui ne sont d'ailleurs redoutables qu'au cabotage. Le fleuve de Canton débouche à l'abri de cette ceinture d'îlots, et le comptoir portugais de Macao, bien déchu de sa splen-

9

deur, occupe à l'ouest de son embouchure une position à peu près symétrique à celle de Hong-kong dans l'est.

» Hong-kong voit à ses pieds un va-et-vient de navires qui n'a d'égal en importance que celui de Londres et de Liverpool... Les navires de guerre mouillent dans l'est de la rade ; les longs courriers, soit à vapeur, soit à voiles, dans la partie large du bassin ; enfin l'innombrable cabotage chinois, avec ses jonques bizarres portant jusqu'à douze vieux canons sur affût bas ou à quatre roues, destinés à combattre et au besoin à imiter les pirates, se serre en masse dans l'ouest et sur les petits fonds du reste du mouillage.

Le marin convaincu qui regrette pour le principe l'abdication du superbe voilier d'autrefois en faveur de la longue coque sans grâce du vapeur banal peut encore admirer, sur les rades de l'extrême Orient, de magnifiques spécimens des anciennes constructions en bois. Ces trois-

mâts, presque tous anglais, souvent aussi allemands, trouvent dans leur forme allongée
et une immense surface de voilure le secret de
vitesses, autrefois ignorées, grâce auxquelles
ils luttent sans désavantage pour le transport
des lourdes cargaisons, avec le vapeur, dont
la consommation, pour franchir d'aussi grandes
distances, devient énorme et fort dispen-
dieuse (1). »

Le patriotisme des Chinois, surexcité par la
guerre, ne laissait pas de créer alors aux Français quelques dangers. Un complot avait été
tout récemment tramé par les coolies dans le
but de faire sauter la malle française, en pleine
rade de Hong-kong. La police anglaise l'a-
vait éventé et réprimé. Peu auparavant les
ouvriers et porteurs chinois s'étaient mis en
grève, refusant de charger les paquebots de
nos Messageries, et l'aviso la *Vipère*, ayant

(1) *Journal de bord* à la date du 4 novembre.

dû quitter la rade de Tam'sui avec une chau-
dière en avarie, n'avait pu obtenir d'être réparé à Hong-kong, à cause du refus obstiné
des Chinois, et avait dû se laisser porter sur
Haïphong, espérant y trouver moins de fana-
tisme... Moyennant quelques mesures de prudence, les officiers purent cependant descendre
à terre et visiter la ville de sept heures à onze
heures du matin. J. de Larminat se fit conduire
à la procure des Missions étrangères pour y
assister à la messe et communier avec une foi
et une piété qui frappèrent les missionnaires (1).
Le 13 novembre, le *Nielly* appareillait pour
Formose, et après cinq jours de traversée, presque toujours par les gros temps, entrait, le 17,
dans les eaux de Kelung, où se tenait le
Bayard, grand cuirassé de station, portant le
pavillon du vice-amiral Courbet, qui lui indiqua
par une bouée l'emplacement de son mouillage.

(1) Lettre du R. P. Lemonnier à M. de Larminat, 10 mai 1885.

On peut voir sur la carte que J. de Larminat
avait jointe à l'une de ses lettres, pour lui servir
de commentaire explicatif les trois ports principaux de la partie septentrionale de Formose,
bloquée par notre escadre ou gardée par nos
troupes : Tam-sui sur la côte Ouest, Sau-oo sur
la côte Est, et Kelung entre les deux, à la pointe
de l'île. Des fortifications construites avant la
guerre avaient changé ces trois postes en têtes
de défenses, et à Kelung surtout la disposition
même des lieux présentait un aspect redoutable. Mais les points culminants de l'arête des
montagnes qui vont en s'échelonnant à partir
de la mer avaient été brillamment enlevés, le
5 octobre, par les troupes de l'escadre, après le
bombardement qui avait fait évacuer les forts
de la rade, et, au mois de novembre, deux compagnies d'infanterie de marine avaient emporté
d'assaut le morne le plus élevé (410 mètres) de
l'arête qui court vers le Sud-Est. Kelung était
donc en notre pouvoir avec toutes les hauteurs

qui dominent la mer, lorsque le *Nielly* vint renforcer le blocus de Formose.

« *Kelung, 19 novembre 1884.* — Nous sommes arrivés hier, et, bien qu'ayant communiqué avec tous les navires de l'escadre, nous n'avons recueilli aucun renseignement sur les opérations à venir. L'amiral Courbet est discret, et on croit d'ailleurs qu'il est bridé, pour les grandes opérations, par les ordres de Paris ; il agit, pour les petites, suivant l'inspiration du moment. La seule chose sûre, c'est que tous les navires sont disposés en blocus autour de Formose et que nous partirons demain pour tenir une portion de cette croisière très désagréable, vu les pluies torrentielles qui sont la mousson normale de ces mers. Tous les mois environ, on revient dire à l'amiral ses opérations ; il reste seul avec les 1600 hommes d'infanterie de marine qui gardent les fortifications conquises autour de la ville. On attend 1000 hommes de renfort, car les Chinois deviennent très hardis ; on a dû les repousser environ deux fois par semaine et on leur a tiré, ce matin, quelques coups de canon. Je me faisais de Kelung, d'après les cartes, une idée assez piteuse ; je me suis raccommodé avec ce séjour, beaucoup plus abrité que je ne pensais. Malheureusement, il est très malsain ; les troupes à terre sont dans le plus triste état, faute d'effets de campement, qui sont arrivés de France seulement le 17 novembre. Nous ne tenons pas du tout les mines de charbon, qui sont à dix kilomètres, de sorte que le seul avantage qu'on voulait en tirer, c'est-à-dire l'approvisionnement gratuit de charbon, devient un leurre. Notre rôle jusqu'ici est très simple. Il consiste, dans la prévision d'actions ultérieures, à empêcher qu'on débarque à Formose un seul soldat chinois de plus. L'amiral a sous ses ordres dix-sept bâtiments (1). »

(1) Lettre à M. de Larminat.

Après quelques jours passés à Kelung et bien employés par J. de Larminat à des exercices de toute sorte, le matin et le soir (exercice avec les petites armes de l'abordage, — mousqueterie de combat, tir isolé et par salves...), pour tenir sa compagnie prête à toute éventualité, le *Nielly* fut envoyé à Sau-oo, petite baie située au pied des hautes montagnes de Formose et protégée contre les moussons d'hiver par un prolongement de l'arête rocheuse du Nord. — « Il y a autour de la baie trois villages principaux : Sau-oo au fond, qui est le principal ; Pack-hong-ho et Lam-hong-ho, le premier au Nord, le second au Sud, habités tous deux par des Formosiens moitié pêcheurs, moitié cultivateurs. Sau-oo paraît être le seul habité par les Chinois. Ils ont élevé, pour se défendre des incursions des féroces montagnards du centre de l'île, deux blockaus sans canons, défendus par une petite garnison. Il a été impossible de savoir si celle-ci est régulière ou simple milice... La seule observation personnelle qu'il m'ait été possible de faire est celle d'une grande différence de type entre le Chinois et le Formosien proprement dit (1).... Nous faisons ce que nous pouvons pour rendre la confiance aux populations et en obtenir quelques moutons et quelques bananes. Nous ne descendons pas à terre, mais on va le long des roches avec les canots, et les pêcheurs, qui ont commencé par se sauver, sont arrivés à donner leur poisson avec les marques de la vénération pour nous et de la terreur la plus édifiante. On ne peut pas les empêcher de se mettre à plat ventre.

Je regrette amèrement, pour mon compte, qu'au lieu de Formose on n'ait pas pris les îles Pescadores, excellent port militaire, qui est le Gibraltar des mers de la Chine, ou tout au moins du détroit de Formose, par où passe tout le commerce de la haute Chine et du Japon. Une fois

---

(1) *Journal de bord* à la date du 27 novembre.

9.

là, personne ne nous en aurait délogés (1) ».

Après avoir fait lui-même en baleinière plusieurs reconnaissances et aperçu, outre les blockhaus, quelques faibles ouvrages en pierres, voici le plan d'attaque contre· Sau-oo que le commandant de la compagnie de débarquement avait élaboré et mis en avant : « La nature des lieux semble indiquer la marche de l'attaque. On aurait assez de quatre bâtiments et de 400 hommes de débarquement, et on conduirait les opérations de la manière suivante : — Le bâtiment le plus à l'est fouillera Packhong-ho avec quelques obus, pendant que les canots se dirigeront vers le fond de la petite baie M. (2) Ces troupes graviront le ravin sans avoir rien à craindre sur leur droite et s'empareront de la crête au point M ; sûres de n'a-

(1) Lettre du 26 novembre.

(3) Voir sur la carte le petit plan de Sau-oo par J. de Larminat, où sont reportées toutes les indications explicatives (p. 149).

voir personne à dos, elles longeront la crête, repoussant l'ennemi, qui ne pourra résister que sur le versant nord, puisque le versant presque à pic du sud est battu par la mitraille des quatre bâtiments, auxquels une ancre à jet, mouillée à l'avance, permettra de s'embosser.

— Le point B est un col d'une certaine importance qui relie directement la petite cuvette de Sau-oo à la grande plaine cultivée et populeuse qui se trouve au nord. Ce point devra être fortement occupé. J'y laisserai une centaine d'hommes, consacrant le même nombre à gravir l'arête découverte qui mène au Toï-Cham. Aussitôt le point B occupé, pendant que le deuxième bâtiment à partir de l'ouest, et même, s'il est possible, le troisième, se tiendront prêts à dégager par le feu de leur artillerie tout le versant est du Toï-Cham, le premier couvrira d'obus le village et le quatrième détruira le blockhaus A. — Les 200 hommes du gros de la colonne attendront, pour se jeter par le vil-

lage, que le Toï-Cham soit occupé. — Se voyant
ainsi menacé dans sa retraite, l'ennemi oppo-
sera peu de résistance, et ses groupes, dominés
par les feux de salves de notre tir, seront déjà
ébranlés au moment de l'assaut. — Les occu-
pants du blockhaus n'auront pas attendu, pour
l'évacuer, l'occupation du village qui leur cou-
perait la retraite. » (1)

Ce plan demeura à l'état de projet, car on
dédaigna d'occuper militairement Sau-oo, poste
sans importance. Mais l'esquisse qu'on vient de
lire, grandement appréciée des juges compé-
tents, suffit à prouver, avec quelle décision
pleine de lucidité, J. de Larminat, après un
examen rapide, saisissait d'un coup d'œil les
faiblesses ou les ressources défensives d'un
pays, et savait combiner une attaque.

Depuis le commencement de la campagne,
ses forces, affaiblies par les douloureux événe-

(1) *Journal de bord* à la date du 28 novembre.

ments de l'été, avaient supporté sans fléchir les fatigues des exercices militaires, surajoutées à celles de la traversée. A partir de Suez, et surtout après la sortie de la mer Rouge, les exigences de sa santé ne l'avaient arraché à aucune des corvées multiples de son service. Mais après dix jours de croisière devant Formose, dans la saison des pluies, sous les tempêtes qui faisaient rage sans discontinuer, les secousses de la mer, jointes aux veilles et aux travaux de la manœuvre, prévalurent, malgré l'énergie de la volonté, sur les ressources d'un tempérament épuisé.

Au bas d'une lettre datée de Sau-oo (27 novembre 1884), on trouve, comme une ombre qui passe sur le fond du tableau tout brillant d'ardeur belliqueuse, le premier aveu et l'indice de la maladie fatale qui approche. « Après neuf jours de tempête atroce, je suis au point inférieur de la courbe. Je m'occupe toujours de mes arbalétriers, mais je ne fais point de quart. Je me sens encore du ressort physique et ne suis nullement découragé. Il est possible, quand nous irons à Hong-kong, que je me mette à l'hôpital militaire pour y guérir une fois pour toutes (1). »

Le 28 novembre, le *Nielly* était relevé de sa garde à Sau-oo par le *Rigault-de-Genouilly*, et rentrait à Kelung pour être dirigé le lendemain sur Tam-sui.

« *Kelung, 28 novembre.* — Nous sommes arrivés à Kelung à une heure de l'après-midi, pendant un petit combat entre les batteries de terre et les Chinois qui les harcèlent. Le feu est suspendu à trois heures. L'amiral Courbet vient à bord du *Nielly*. Il nous fait un petit discours assez découragé, paraissant croire que les hostilités vont déjà prendre fin. « Cependant, nous dit-il, les mauvais jours ont leur lendemain ;

_____

(1) *Journal de bord* à la date du 28 novembre.

je le désire, vous devez le désirer comme moi ; je
compterai toujours sur le *Nielly* comme sur un
des meilleurs navires de l'escadre. »

« *29 novembre*. — Partis à onze heures du
matin de Kelung, nous sommes arrivés à trois
heures en rade de Tam-sui. — Je vais à bord
du *La Galissonnière* pour conférence privée
avec l'aumônier (occasion rare). Les officiers
nous demandent des nouvelles que nous ne pouvons leur donner : les bruits sont-ils à la paix
ou à la guerre ?... Ils sont ici depuis deux
mois, assistant, sans les empêcher, aux travaux
que font les Chinois pour réparer et rendre im-
prenables les forts bombardés le 5 octobre. Les
ouvrages, que nous détaillons parfaitement
avec la lunette, ont l'air très complets ; on distingue un grand fort carré en terre rouge dont
les grosses pièces anglaises sont braquées sur
nous. A gauche, un camp retranché. Les bâtiments calant cinq mètres peuvent, d'après les

instructions, pénétrer dans la rivière de Tamsui ; mais on dit qu'elle est défendue par une ligne de torpilles... A six heures du soir, une explosion formidable arrête les cuillers prêtes à verser dans nos dix estomacs un potage effroyablement maigre : c'est la grande poudrière chinoise qui vient de sauter.

« *30 novembre*. — Le commandant de *La Galissonnière*, un vieil ami, me confie en secret que nous sommes chargés d'arrêter les croiseurs qui ont résolu de forcer le blocus. Je le savais depuis hier. Il paraît que les Chinois de Formose n'ont plus ni argent ni projectiles. — A dix heures du matin, le nuage de poussière produit par l'explosion d'hier n'est pas encore dissipé.

« *3 décembre*. — Coup de vent violent. Mer soulevée, roulis désordonné. Le carré commence à présenter l'aspect d'un champ de ba-

taille : vaisselle, meubles et officiers ruissellent
d'un bord à l'autre à chaque coup. Plusieurs
fois, assis à table, nous voyons la mer par la
claire-voie au-dessus de nos têtes, ce qui suppose une forte inclinaison. (Inclinaison obser-
vée, 40°.)

» *6 décembre.* — Température très froide à
— 12°. Tout le monde gèle..... Erré toute la
journée pour prendre un mouillage. La côte
est tellement découpée, qu'il n'y a qu'à choisir;
mais des villages fortifiés dominent tous les
mouillages, de sorte qu'après avoir suivi la
côte pendant cinquante milles, la nuit nous
prend et force nous est de regagner le large.
— Nuit atroce. A chaque coup de roulis, la
mer embarque par-dessus les bastingages,
inonde les panneaux au coup suivant et tombe
dans l'intérieur en cascades bruyantes. Le
carré n'est qu'une mare, et on a de l'eau jusqu'aux chevilles dans les chambres.

« 7 *décembre.* — Coup de vent violent. Fait route arrière avec d'affreux roulis, le commandant s'étant décidé à aller à l'abri dans le Sud de Formose. Traversé les Pescadores, sans qu'aucune des batteries chinoises fasse feu sur nous, comme tout le monde en grillait d'envie. Arrivés vers trois heures au mouillage de Toï-van-fu. La brume se fait quand nous arrivons à la côte. Aperçu deux grands vapeurs dans le brouillard et fait le branle-bas de combat. Constatation faite, ce sont deux *copains* de croisière.

« 20 *décembre.* — Je suis toujours ennuyé de mon état de santé ; je ne vais pas mal, mais à condition de ne boire que du lait, et encore que du lait de conserve. Ce traitement ne m'ayant laissé que la peau, je continuerai à ne pas faire de quart ; mais je m'occupe toujours de la partie militaire de mes fonctions, et je pourrai encore descendre à terre pour un jour de combat.

Puisque la guerre doit continuer, je ne me laisserai renvoyer qu'à la dernière extrémité (1). »

Cet exposé rapide des opérations du blocus et des souffrances endurées à la mer laissait pressentir qu'il faudrait, au moins pour quelque temps, rendre les armes et se résigner au repos. Quelques jours plus tard, pendant que le *Nielly* allait à Hong-kong renouveler sa provision de charbon, J. de Larminat entrait à l'hôpital militaire, pour y être traité sur le même pied que les officiers de la marine royale. Il y trouva, avec le réconfort des soins et du repos, « chambre gaie, air pur, brillant soleil, et de plus, droit de sortir à volonté, par conséquent liberté complète d'aller chaque jour à la procure des Missions étrangères converser avec le P. Lemonnier (2) », qui fut le consolateur de ces heures d'inaction et de solitude. L'amélioration fut lente, mais inin-

(1) Lettres à M. de Larminat, et *Journal de bord* du 28 novembre au 22 décembre.

(2) Lettre du 5 janvier 1885.

terrompue ; le rassérènement et la confiance revinrent vite, jusqu'à illusionner le malade sur l'état réel de ses forces. On devine d'ailleurs les sentiments qui s'agitaient dans son âme et le rappelaient sur le *Nielly* pour soulager ceux de ses camarades dont son absence aggravait les fatigues, et pour être présent à son poste de combat lors de l'action décisive qu'on croyait prochaine. Il s'en explique lui-même dans une lettre, dès qu'il a obtenu du médecin anglais « le certificat officiel de sa guérison » et s'est embarqué sur le *Villars* qui était en rade, prêt à appareiller pour aller attendre au large les renforts envoyés de France : « *Hong-Kong, 15 janvier.* — J'aurais subi plus gaiement les préoccupations que me donne ma santé, si ce n'était pour moi la question de laisser souvent faire mon service de quart par les autres, chose qui m'est insupportable. Je ne vais pas mal, quoique guérir une forte anémie en trois semaines soit peut-être présomption. J'ai bien employé mon dernier jour d'hôpital à visiter les Pères, les sœurs qui m'ont donné un scapulaire neuf et deux médailles et promis leurs prières. Enfin, ce matin, à dix heures, j'ai pu encore communier à la Mission, satisfaction bien rare sur mer... D'après pas mal de petits indices, ma croyance toute personnelle est que l'amiral Courbet va commencer par aller détruire la flotte chinoise du Nord, ou du moins tenter un coup quelconque par mer. Mais je ne trouve ici que des incrédules quand je développe ce plan... J'ai été parfaitement reçu par mes camarades du *Villars* (1) ».

Le 20 janvier, le lieutenant de Larminat remontait sur le *Nielly* et, dès le lendemain, avait repris le commandement de sa compagnie et tous les exercices militaires et les corvées de

(1) On sait comment les prévisions de cette lettre furent vérifiées peu après par l'expédition contre les forts de Fou-tcheou et par le hardi coup de main contre la flotte chinoise, dont deux bâtiments furent coulés par les canots du vaisseau amiral.

son grade. Il surveillait lui-même et activait le débarquement des 1100 hommes venus de France sur le *Canton* (1), il prenait part à une reconnaissance assez vive où des coups de fusil furent échangés, puis était envoyé de Kelung à Toï-wan-fu reprendre le blocus des côtes. C'est là qu'eut lieu, dans les derniers jours de janvier, la rechute qui l'éloigna définitivement de la croisière et fit décider son retour en France.

« *Kelung*, 10 *février* 1885. — J'allais très bien et mes premiers quarts ne m'avaient pas fatigué ; mais, vers la fin de janvier, nous avons passé quatre heures à couler une malheureuse jonque. Alors que les Chinois, paralysés par la peur, ne pensaient plus à amener leurs voiles et n'eussent fait aucune résistance si on leur avait envoyé un canot dès le premier coup de canon, nous leur avons tiré dix-huit obus de

(1) *Journal de bord*, 21 janvier.

combat et vingt obus de canon-revolver. Deux
obus éclatant dans la cale ont tué sept hommes ;
on a sauvé les survivants, au nombre de onze.
Hélas ! ce sont là les terribles procédés de la
guerre vis-à-vis de pauvres marins de commerce,
mais le vent est à la férocité en ce moment-ci.
Ici, à Kélung, on fusille tout ce qu'on prend ; de
leur côté, les Chinois viennent, la nuit, dans le
cimetière qui est sur la plage et gardé par un poste
de la légion étrangère. Ils y déterrent les officiers
tués ou morts du choléra, pour toucher les primes
de leurs têtes... Cette chasse à la jonque par un
vent glacial m'a refroidi. Bref, deux jours après,
j'étais alité, et il a été tout de suite convenu
entre le médecin et moi que les circonstances se
déclaraient si décidément contre moi, qu'on me
renverrait en France. Je suis maintenant à bord
du transport-hôpital la *Nive*, entendant à quinze
cents mètres de moi une bonne fusillade à laquelle le canon mêle de minute en minute son
coup de grosse caisse... Au point de vue moral,

je suis désolé de me voir si mal payé du bon sentiment qui m'a fait partir, mais je ne regrette rien, puisque c'était le devoir. La force des choses me détache peu à peu des visées ambitieuses; je me borne à la subir avec résignation chrétienne... Heureusement cela n'a pas l'air d'aller mal au Tonkin (1). — Nous sommes bloqués ici par une armée de 15,000 réguliers, dans un terrain très tourmenté, dont la disposition en fossés et en murailles rend bien les fréquentes attaques des Chinois peu dangereuses, mais rend aussi les nôtres difficiles et sans effets. Depuis un mois, on a perdu 200 hommes sans gagner un pouce de terrain. L'amiral Courbet est désolé du rôle que la politique lui impose. »

Ce fut la dernière lettre de J. de Larminat.

Cependant, son état de santé, depuis le re-

(1) Le 5 janvier, le général Négrier avait remporté sur les Chinois une victoire signalée, à Muidop; et, à la date du 10 février, la marche des opérations militaires rendait certaine la prise de Langson, qui eut lieu le 13, trois jours après cette lettre.

tour de Kelung, loin de présenter aucun danger, s'était même sensiblement amélioré. Le séjour à bord de la *Nive*, la société qu'il y avait trouvée au milieu d'amis que ravissaient ses qualités d'esprit et de caractère, semblaient même lui avoir rendu ses saillies joyeuses d'autrefois, lorsqu'une maladie plus terrible vint tout à coup assaillir ses forces épuisées.

Le 16 février, il ressentit la première atteinte du choléra et aussitôt fit chercher l'aumônier du *La Galissonnière*. M. l'abbé Lallemant resta avec lui plus d'une heure (1). Après sa visite, quoique toujours en proie à de vives souffrances, le malade parut ranimé. Il dit à M. Deuve,

(1) M. l'abbé Lallemant écrivait de Ning-Po à M. de Larminat, le 22 mai 1885 : « Je suis heureux de pouvoir vous annoncer que c'est avec le plus grand calme et la plus grande piété que Monsieur votre fils s'est confessé (il le faisait fréquemment), et qu'il a reçu l'extrême onction. Il a vu venir la mort avec sérénité et résignation, et il s'est éteint doucement au moment où l'on espérait encore le sauver. Malheureusement le choléra n'a jamais ou presque jamais pardonné à aucun de ceux qu'il frappait. »

lieutenant de vaisseau, qui le veilla jusqu'à minuit : « Il est dur de quitter la vie, mais mon sacrifice est fait. Je suis résigné, j'ai la conscience tranquille... Je souffre bien (1). » Le lendemain 17, les souffrances cessèrent et il tomba dans un profond sommeil d'accablement. Le 18, sa figure était déjà décomposée et il ne pouvait plus que serrer silencieusement la main de ses visiteurs sans ajouter aucune parole. Le 19, à quatre heures du matin, il s'éteignait sans souffrances.

Les obsèques eurent lieu dans l'après-midi du même jour. Le corps, salué de deux coups de canon à son départ du bord, fut descendu dans la tombe creusée au pied du fort La Galissonnière. A l'absoute donnée par M. l'abbé Lallemant, les amiraux Courbet et Lespès, les colonels Duchesne et Bertaux-Le-Villain, de l'infanterie de marine, et tous les officiers laissés libres par le service, étaient présents. Au

(1) Lettre de M. Deuve à M. de Larminat. Toulon, 19 mai 1885.

nom de son état-major et de son équipage,
M. Dorlodot des Essarts, commandant du
Nielly, adressa le dernier adieu à l'intrépide
compagnon d'armes « qui, lui aussi, était mort
à son poste, tout comme ceux qui ont été at-
teints par une balle », victime de l'excès d'é-
nergie qui l'avait rejeté incomplètement guéri
dans les fatigues de la guerre. C'était la première expression des regrets auxquels le corps
de la marine allait faire écho de toutes parts.

Le ministre lui-même, en transmettant à
M. de Larminat l'annonce de cette mort, voulut
lui témoigner en quelle singulière estime était
son fils : « La mort prématurée de M. J.
de Larminat sera vivement ressentie dans tout
le corps de la marine, où ce vaillant officier s'é-
tait fait hautement apprécier par l'honorabilité
de son caractère et par la distinction de ses
services (1). »

(1) Lettre du vice-amiral Peyron, ministre de la marine,
28 février 1885.

Enfin l'amiral Courbet, bon juge en fait d'obstination courageuse à lutter contre la mort, voulut lui aussi, dans une lettre intime, payer son tribut d'hommage à cette chère mémoire : « *Bayard* 26 *avril 1885...* Je n'aurais pas hésité à renvoyer en France M. de Larminat, si les phases de la maladie ne nous avaient trompés. Nous le croyions remis à la suite du traitement qu'il avait suivi à Hong-kong, et la crise qui l'a emporté quelques jours après son retour à bord nous a autant surpris qu'affligés. Il en est malheureusement ainsi bien souvent avec les natures d'élite, chez lesquelles le sentiment du devoir et l'énergie prennent momentanément le dessus, jusqu'au point de cacher leur véritable souffrance. »

A qui s'applique le portrait contenu dans ces dernières lignes ? Au lieutenant de vaisseau ravi par son courage même aux honneurs de l'avenir, ou à l'amiral illustre qui pour avoir ramené la victoire sous nos drapeaux fixa sur son escadre et sur lui l'admiration reconnaissante de la France ? Rapprochement glorieux assurément pour J. de Larminat que d'avoir reçu de son chef, dont la mort toute semblable devait suivre la sienne de si près, un éloge qui convient à l'un comme à l'autre.

Au-dessus même de cette force d'âme vulgaire parmi nous, qui consiste à affronter la mort face à l'ennemi, sous l'ouragan de fer, ou sous les assauts répétés de la maladie, dans un coin obscur d'une colonie lointaine, ces *Souvenirs* nous montrent les inspirations élevées auxquelles la marine française n'a pas cessé de retremper ses traditions d'honneur. Tandis que « l'oubli de Dieu fait l'oubli du devoir et prépare l'oubli de la patrie (1), » l'homme qui règle sa vie sur les devoirs dictés au nom de Dieu par l'Église met au service du pays un marin ou un soldat docile jusqu'au sacrifice, dur au tra-

---

(1) *La Marine au siège de Paris*, par le vice-amiral de La Roncière — préface, p. VIII.

vail, aux privations et aux souffrances, et toujours prêt à la mort.

L'exemple de J. de Larminat n'en témoigne-
t-il pas?

FIN

TABLE DES MATIÈRES

ÉMILE COLIN — IMPRIMERIE DE LAGNY

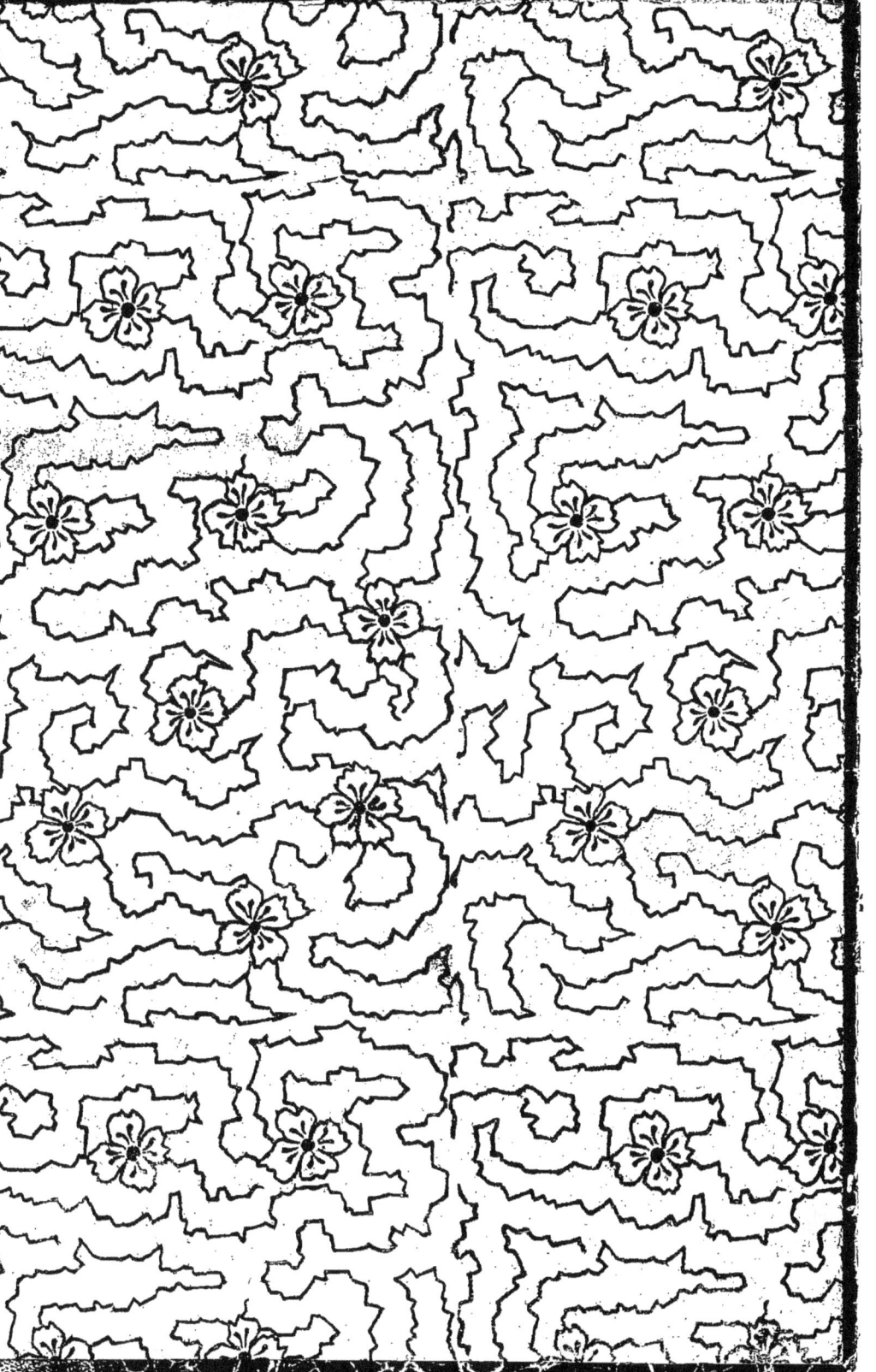

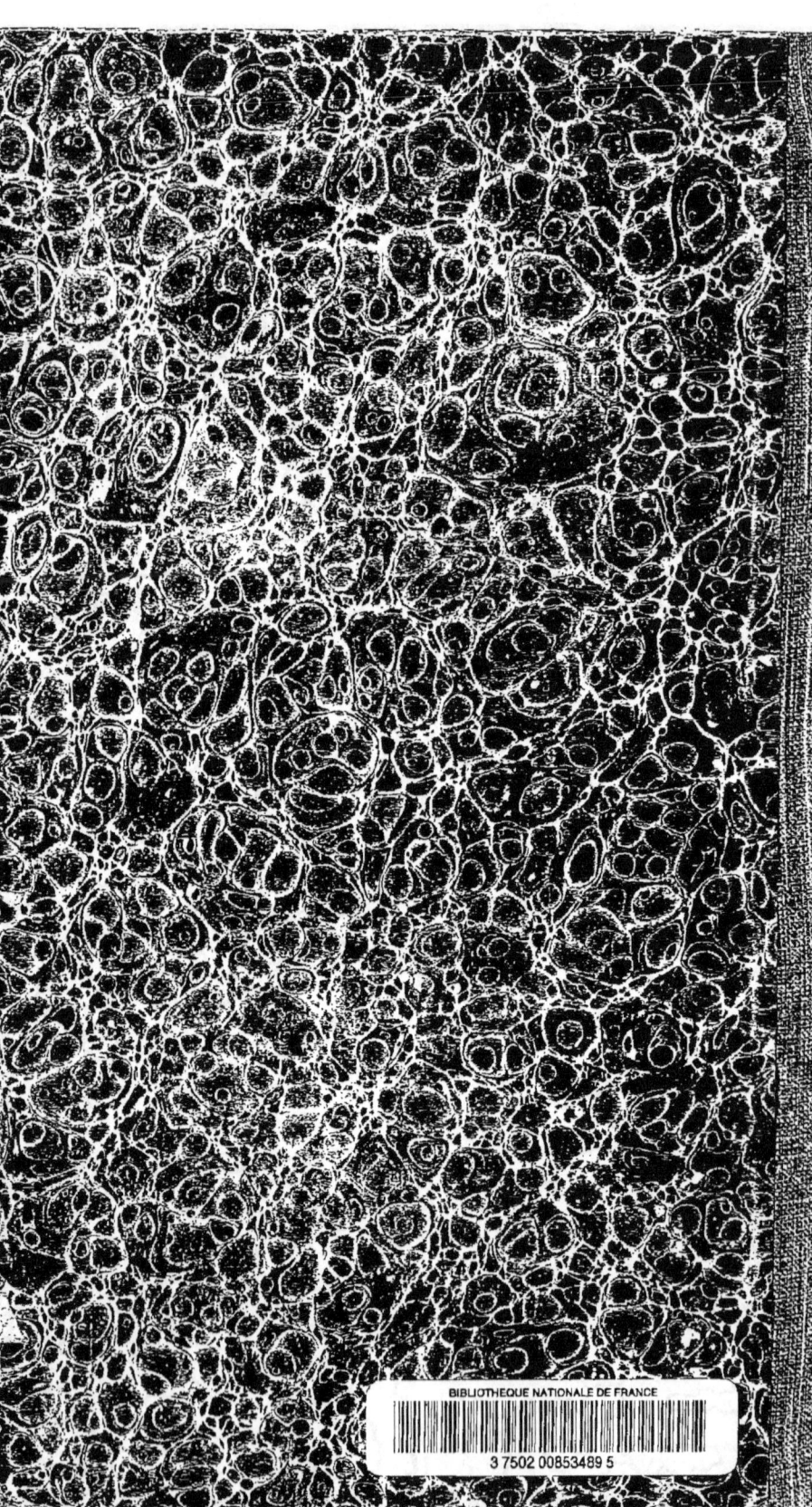